KRIMINAL-CHRONIK

Rüdiger Liedtke

KRIMINAL-CHRONIK

Die aufsehenerregendsten Fälle der letzten 30 Jahre

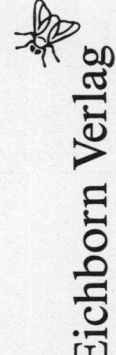

Eichborn Verlag

Der Autor:

Rüdiger Liedtke studierte Politikwissenschaft und lebt heute als Journalist und Schriftsteller in München. Buchveröffentlichungen u.a.: »Die verschenkte Presse« (1982); »Die tun sowieso, was sie wollen« (1983); »Widerstand ist Bürgerpflicht« (1984); »Die Vertreibung der Stille« (1985); als Mitherausgeber: »Cuba — Menschen, Landschaften« (1987); als Herausgeber: »Österreich — Menschen, Landschaften« (1988); »Wem gehört unsere Republik?« (1988); »Die neue Skandal-Chronik« (1989).

CIP-Titelaufnahme der Deutschen Bibliothek

Liedtke, Rüdiger:
Kriminal-Chronik : Die aufsehenerregendsten Fälle der letzten 30 Jahre / Rüdiger Liedtke.
— Frankfurt am Main : Eichborn, 1989
    ISBN 3-8218-1216-8

© Vito von Eichborn GmbH & Co Verlag KG, Frankfurt am Main, September 1989.

Umschlaggestaltung: Uwe Gruhle.
Gesamtherstellung: Fuldaer Verlagsanstalt GmbH.
ISBN 3-8218-1216-8
Verlagsverzeichnis schickt gern:
Eichborn Verlag, Sachsenhäuser Landwehrweg 293, D–6000 Frankfurt 70.

INHALT

Einleitung 7

Backpulver und Millionen
Die Entführung des Richard Oetker 8

Lebenslänglich für die Falschen?
Der »Fall Brühne-Ferbach« 15

Entführt, verschleppt und freigelassen
Die Entführung der Nina von Gallwitz 24

Wer hat Bruno Fabeyer gesehen?
Die Jagd nach dem Polizistenmörder 31

Elmar Schärmer alias »Dr. Herzog«
Vom Heiratsschwindler zum Doppelmörder 39

Gebt den Jungen frei!
Der »Fall Timo Rinnelt« 46

Der Mord an Rosemarie Nitribitt
Kapitalverbrechen und Skandal 51

Theo oder Karl?
Die Albrecht-Entführung des Heinz Ollenburg 58

Der »Kirmesmörder« – Eine »Bestie« für das Volk
Kindermörder Jürgen Bartsch 66

Waffen, Autos, Alkohol
»Ausbrecherkönig« Alfred Lecki 75

Ein Astrologe und vier Tote
Die Morde des Arwed Imiela 80

Verweigern am doppelten Oxer
Die Entführung des Hendrik Snoek 87

Der gedungene Killer
Der »Fall Minouche«   94

Begonien sind stumme Zeugen
Der »Begonienmord« von Gräfelfing   102

»Ingrids Masche: Männermord«
Der »Fall Ingrid van Bergen«   109

Kidnapping auf italienisch
Die Entführung der Kronzucker-Kinder   116

Der Killer von Braunschweig
Fünffacher Mord an einer Familie   124

Ring frei! – Boxen und Schiessen
Der »Fall Gustav Scholz«   131

»Annas Mutter«
Der »Fall Marianne Bachmeier«   138

Wer hat Karola und Melanie getötet?
Der »Mordfall Weimar«   146

Das Kidnapping von Gladbeck
Ein Geiseldrama macht Geschichte   155

Todesschüsse auf hoher See
Meuterei auf der »Apollonia«   160

Die Bluttat im Präsidium
»St.-Pauli-Killer« Werner Pinzner   167

EINLEITUNG

Sie erinnern sich?

Die Entführung der Nina von Gallwitz, der »Fall Vera Brühne«, die Ermordung des Callgirls Nitribitt, die Oetker-Millionen, die Schüsse der Ingrid van Bergen, das Albrecht-Kidnapping, Kindermörder Jürgen Bartsch, der »Begonienmord«...

In den vergangenen Jahrzehnten hat es zahlreiche spektakuläre Kriminalfälle gegeben, die die Öffentlichkeit in Atem hielten, die Kriminalpolizei teilweise an den Rand der Verzweiflung trieben und die Auflagen von Illustrierten und Zeitungen in die Höhe schnellen ließen; Kriminalfälle, die Tagesgespräch waren, sich über Monate hinzogen, die unfaßbar erschienen und bisweilen nie richtig aufgeklärt werden konnten. Morde, Totschlagsdelikte, Entführungen, Eifersuchtsdramen, die auf Entsetzen stießen, auf Abscheu, dann wieder auf Mitleid mit den Tätern, manchmal auf Bewunderung und Faszination.

Die vorliegende »Kriminal-Chronik« der letzten 30 Jahre schildert nicht x-beliebige Kriminalfälle, sondern nur die Ereignisse, die Kriminalgeschichte gemacht haben, die in ihrer Ausübung und Auflösung einzigartig waren und es bis heute geblieben sind.

Die großen Kriminalfälle der Bundesrepublik werden als spannende Kurz-Stories erzählt, enthalten alle Informationen über die Tat, die Täter und Opfer, über die Fahndung, den Prozeß. Sie beleuchten die Motive und Hintergründe der Taten, lassen die aufregenden Wochen Revue passieren, zeigen, was aus den Verurteilten geworden ist, wie das Echo in der Öffentlichkeit war – ob es der »Mordfall Weimar« war, der »Fall Minouche«, die Geschichte der Marianne Bachmeier oder die mysteriösen Morde auf der »Apollonia«.

Die »Kriminal-Chronik« ist die erste Kriminalgeschichte der Bundesrepublik.

7

BACKPULVER UND MILLIONEN

Die Entführung des Richard Oetker

»D as einzige, was von den Kidnappern je gesehen wurde, war eine Hand«, notierte die »Zeit« im November 1979 zu Beginn eines der aufsehenerregendsten Indizienprozesse der Bundesrepublik. Tatsächlich beruhte die Verurteilung des 37jährigen Dieter Zlof aus München zu 15 Jahren Gefängnis, des mutmaßlichen Entführers des Bielefelder Millionärssohnes Richard Oetker also, auf einer höchst wackeligen Beweislage. Nur Indizien sprachen für eine Täterschaft des in Jugoslawien geborenen Zlof, eines Kaufmanns, dessen Lebenselexier Geld zu sein schien (doch was sagt das schon) – aber es gab kein Geständnis, keine Fingerabdrücke, keine Augenzeugen für den bis dato größten Lösegeld-Coup der deutschen Kriminalgeschichte. 21 Millionen Mark mußte der Backpulver-König für die Freilassung seines Sohnes locker machen, 21 Millionen, von denen bis heute nur wenige Tausender aufgetaucht sind, Tausender, über die auch Dieter Zlof gestolpert war – am Ende freilich einer der aufwendigsten und pannenreichsten Fahndungen der deutschen Nachkriegsgeschichte.

Über drei Jahre suchten ein Sonderaufgebot an Kriminalisten und viele hundert Polizisten fieberhaft nach den Entführern. Die »Sonderkommission Oetker« des populären Münchener Polizeipräsidenten Manfred Schreiber wurde wegen dauernder Erfolglosigkeit aufgelöst, das Bayerische Landeskriminalamt rekrutierte eine neue Crew aus Top-Fahndern und Entführungsexperten des Freistaates. Über 15.000 Zeugen wurden vernommen, eine bislang einmalige Fahndung über Funk, Fernsehen und Fernsprechansagedienste, durch die für jeden Bürger die von der Kripo mitgeschnittene Stimme des Entführers zu hören war, eingeleitet, Hellseherinnen, Hypnotiseure und Polizeicomputer eingeschaltet und eine Belohnung von knapp einer halben Millionen Mark ausgelobt. Verge-

8

bens. Personen wurden verhaftet und wieder freigelassen, Haussuchungen, Razzien und Straßenkontrollen vorgenommen, dann hieß es, der Oetker-Entführer sei ermordet worden, schließlich versuchte ein Kriminalbeamter einer Illustrierten die Oetker-Akten für 250.000 Mark zu verscherbeln. Die Polizei wurde zusehends nervöser; die Öffentlichkeit erwartete endlich die Festnahme des Täters oder besser der Täter, denn eine solch raffinierte Entführung, kalt und brutal in Szene gesetzt, konnte eine einzelne Person gar nicht durchgeführt haben.

Man mußte zum Ende kommen. Gründe gab's genug. Da handelte es sich bei Richard Oetker nicht um irgendein Entführungsopfer, sondern um den Sohn des westfälischen Backpulver-, Brauerei- und Reederkönigs, dem auf schlimmste Weise mitgespielt worden war – und das für 21 Millionen Mark Cash. Der Vater Richards, Rudolf August Oetker, kritisierte in einem Aufruf »an alle Bürger« in einer Mitarbeiter-Zeitschrift der Oetker-Gruppe massiv die Unfähigkeit von Polizei, Politikern und Journalisten. Er forderte schärfere Strafen und mehr Rechte für die Polizei und ging mit der allzu liberalen Strafverfolgung der sozialliberalen Regierung scharf ins Gericht. Ein tief enttäuschter, konservativer Vater, eine aufgewühlte aber faszinierte Öffentlichkeit, achselzuckende Politiker, eine voyeuristische Presse und eine in Panik geratene Polizei kennzeichneten diese Monate.

Da kam Dieter Zlof gerade recht, als er am 29. Dezember 1978 einem Kassierer der Zweigstelle der Deutschen Bank in der Münchener Lindwurmstraße auffiel, als er in eben dieser, seiner Hausbank, einen Tausender aus der Lösegeldsumme einzahlte. Der Kassierer hatte die Geldschein-Nummer auf der 20 Meter langen Computerliste mit den 21.000 Tausend-Mark-Scheinen entdeckt. Die Kripo hatte ihren Täter – und bei dem sollte es bleiben. Ein Einzeltäter bei einem solch aufwendigen Verbrechen?

Es geschah am 14. Dezember 1976, im Hof der Technischen Universität Weihenstephan in Freising bei München. Draußen klirrende Kälte, der Süden der Republik lag unter einer dichten Schneedecke. Der 25jährige Millionenerbe Richard Oetker, Student der Brauwissenschaften, verließ an diesem Dienstagabend gegen 19 Uhr vorzeitig den Hörsaal im zweiten Stock des Universitätsgebäudes. Kurz bevor der 1,88 Meter große, sportliche Oetker seinen weißen VW-Variant besteigen konnte, stellte sich ihm ein Mann in den Weg, in der Hand eine Pistole mit Schalldämpfer. »Vorwärts, das Ding macht nur Klacks«, herrschte der Mann mit Oberlippenbart, Brille, dreiviertellangem Mantel und Kosakenmütze den verdutzten Studenten an. Der geheimnisvolle Entführer bugsierte sein Opfer in den Laderaum eines blaugrauen VW-Kastenwagens und zwang ihn, sich in eine sargähnliche Kiste zu legen und mit Handschellen, die an der Innenwand der Kiste angebracht waren, selbst zu fesseln. Die enge Holzkiste maß 1,60 Meter Länge und war je 60 Zentimeter breit und hoch, Oetker in ihr durch die Handschellen an einen Stromkreis angeschlossen, der, so die Kidnapper, bei lauten Geräuschen, wie Hilfeschreien beispielsweise, automatisch geschlossen würde. Über eine Sprechanlage konnten sich die Entführer, und mindestens zwei mußten es sein, wie Oetker später rekonstruierte, mit dem Eingepferchten verständigen. »Wir wollen nur Geld«, ließen sie ihn wissen.

Kurz nach 22 Uhr klingelte bei Marion Oetker, Richards Frau, das Telefon. »Wir haben Richard. Keine Polizei!« »30 Minuten später der zweite Anruf: »Verständigen Sie Richards Vater in Bielefeld. Wir verlangen 21 Millionen Mark. Damit alles klar ist, Richard ist an ein Starkstromnetz angeschlossen. Keine Polizei, sonst ist er tot.« Erst in den Morgenstunden entschloß sich der Backpulver-Milliardär die Polizei einzuschalten, in München wurde ein Krisenstab gebildet. Alle Anrufe der Kidnapper an Marion Oetker wurden auf Band mitgeschnitten, die Basis für die später größte, hunderttausendfache Stimmen-Telefonabfrage in der Geschichte der Bundesrepublik. Die gesamte Bevölkerung konnte dann den Gangstern lauschen.

Marion Oetker wurde von den Entführern zu einem Ort bestellt, wo sie ein Tonband mit Richards Stimme fand. »Bitte Vater, tue alles, was sie sagen. Bitte hole mich hier heraus.« Und die Lösegeld-Forderung stand da schwarz auf weiß: 21 Millionen Mark in Tausendern, abgepackt in Bündeln zu je eineinhalb Millionen. Als Kurier verlangten die Entführer Richards Bruder August, der sich am 17. Dezember mit zwei Geldkoffern im Münchener Hotel Sheraton einfinden sollte. Die Fahnder beschlossen, August Oetker zu beschatten und gegebenenfalls loszuschlagen. Aber es sollte alles anders kommen.

Die Entführer hatten nach dem Freisinger Kidnapping mit Kastenwagen und Opfer vermutlich in einer Tiefgarage Halt gemacht, um schließlich in einer weiteren Garage ihren »Sarg« abzustellen. Die geheimnisvolle Stimme hatte Oetker durch die Sprechanlage zu verstehen gegeben, nach dem Lösen der Handschellen und vor Öffnen der Kiste immer eine schwarze Kapuze aufzusetzen. Nur einmal bekam der Millionärssohn einen der Entführer kurz zu Gesicht – einen Mann mit Faschingsmaske und weißen Handschuhen, gespenstisch.

Am nächsten Morgen dann eine dramatische Entwicklung. Oetker hörte nach einer angsterfüllten, schlaflosen Nacht schon den Berufslärm, das Bellen eines Hundes, Glockengeläut, die Schritte seiner Entführer. Es war kurz nach acht. Die Entführer hantierten am Auto, plötzlich knallte die Hecktüre des Wagens zu, ein Schlag, ein grauenvoller Stromstoß durchraste den Körper des Eingezwängten, ein Aufbäumen, panikartiges Umsichschlagen, Krümmen. Knochen krachten, das Opfer schrie, Schmerzen. Zwei Brustwirbel und beide Oberschenkelhälse brachen, Herzstöße durchzuckten den Körper, Lebensgefahr für Richard Oetker, der sich nicht mehr bewegen und nur durch starke Tabletten die Schmerzen in Grenzen halten konnte. Frei ließen ihn die Kidnapper nicht.

Aber sie zogen die Übergabe der 21 Millionen Mark um 24 Stunden vor, den Startschuß für einen Geldtransfer, wie es ihn zuvor nicht gab. Peinliches zu Beginn: Die Bayerische Landeszentralbank weigerte sich, die 21 Millionen Mark Lösegeld zur Verfügung zu stellen. Der Name Rudolf August Oetker – so die »Quick« – war für die Bank nicht Sicherheit genug. »Aber die Zeit drängte. Innerhalb von fünfzehn Minuten übernahm die Deutsche Bank dann die von der LZB verlangte Bürgschaft.« Alle verfügbaren Tausender, so

11

berichtete die Illustrierte weiter, wurden dann per Hubschrauber oder in schnellen Limousinen von bayerischen Geldinstituten nach München zur Landeszentralbank gebracht. »Stenotypistinnen registrierten noch während der Fahrt oder buchstäblich im Flug die Nummern der Scheine. Trotzdem blieb eine Million wegen des Zeitdrucks unregistriert.«

Kurz nach elf Uhr traf August Oetker mit den 21 Millionen Mark im Münchner Sheraton ein. Über Telefon erhielt der Bruder des Entführten Anweisung, sich ins nahegelegene Arabella-Hotel zu begeben. Dort wurde er zum Telefon gerufen und von den Kidnappern in den Bayerischen Hof beordert, wo ein Zimmer für den Millionen-Kurier reserviert war. Im Bayerischen Hof übergab ein Hotelboy August Oetker einen Briefumschlag mit einem Schließfachschlüssel und der Aufforderung, das Hotelzimmer unverzüglich zu bezahlen und sich zum Bahnhof zu begeben. »Gehen Sie zu den Schließfächern gegenüber Gleis 26 und öffnen Sie mit dem Schlüssel das Fach Nummer 1512. Von jetzt an beobachten Sie viele Augen.« Im Schließfach fand Oetker einen Metallkoffer mit dem Befehl, einen Toiletten-Waschraum aufzusuchen und dort den Koffer zu öffnen. Die Kidnapper verlangten nun, das Geld in »ihren« Koffer umzupacken, ein Taxi zu besteigen und über die Schwanthalerstraße zum Stachus zu fahren. August Oetker bekam detaillierte Anweisungen. Rolltreppe ins Stachus-Untergeschoß, direkt zur Apotheke. »Stellen Sie sich unter das weiße Reklameschild mit dem roten A. Stellen Sie den Koffer neben sich vor die graue Eisentür, so, daß der Koffer die Tür berührt.«

August Oetker gehorchte den Anweisungen der Kidnapper aufs Wort — unter den Augen der Polizei, die jetzt ihren großen Auftritt gekommen sah. Jeden Augenblick würden sie zugreifen, der Entführung ein Ende bereiten, um endlich vor der kritischen und ungeduldigen Öffentlichkeit zu brillieren. Dachten sie. Um 13.50 öffnete sich plötzlich die graue Stahltür, vor der der Koffer stand. Alles ging blitzschnell: »Eine schwarze Hand griff heraus durch einen Türspalt und zog den Koffer weg. Dann knallte die Tür zu.«, erinnerte sich der verblüffte August später. Die herbeistürzenden Kripobeamten stellten mit Entsetzen fest, daß die Stahltür nur von einer Seite zu öffnen war, von der Seite der Kidnapper.

Gegen Abend erhielt Marion Oetker einen Anruf und den Hinweis, sich in ein Hotel nach Germering zu begeben. »Und schönen Dank für alles!«, höhnten die Kidnapper. Im Hotel der letzte Hinweis, und Minuten später fanden Kripobeamte und Familienangehörige den Entführten in einem Wald nahe Unterpfaffenhofen auf dem Vordersitz eines roten Opel-Commodore – schwer verletzt, aber lebend.

Knapp drei Jahre nach der spektakulären Entführung stand Dieter Zlof vor Gericht. Die Indizien sprachen gegen ihn: Seine Vorgeschichte, Geldscheine aus der Beute, die Garage, die ihm, dem Autohändler, gehört haben soll, das Gebell des längst toten Schäferhundes Bingo aus der Nachbarschaft, das Glockengeläut. Auch sollte Zlof den Opel-Commodore gekauft haben, verschiedene Zeugen erkannten ihn wieder, aber stets ohne letzte Gewißheit. Den Entführungswagen sollte er in seiner inzwischen abgerissenen Werkstatt präpariert haben. Zlof hatte plötzlich sehr viel Geld, nach seinen Angaben aus hohen Spielgewinnen beim Roulette in Bad Wiessee am Tegernsee. Sein Guthaben stieg, und das ohne festen Job, er machte Riesenzechen in Nachtclubs und Diskotheken, zahlte hohe Geldsummen auf ein Grundstück an. Vieles sprach für den Täter Zlof, den ehemaligen Tauchlehrer und Autohändler, der mit Frau und zwei Kindern in einem Reihenhaus lebte und den Nachbarn eigentlich nur durch seine »Angeberei« aufgefallen war. Aber wirkliche Beweise? Und konnte eine solche Tat überhaupt ein einzelner begangen haben? War er Chef einer Bande, Strohmann, war er Opfer eines Justizirrtums? Der gebürtige Jugoslawe beteuerte stets seine Unschuld. »Der Erfolgszwang bei der Fahndung nach den Oetker-Entführern«, sagten seine Anwälte Steffen Ufer und Rolf Bossi, »darf nicht ein ähnliches Fehlurteil wie nach dem Kidnapping des Lindbergh-Babys vor 40 Jahren provozieren. Der damals ›hingerichtete‹ Schuldige wurde später rehabilitiert.«

Für die Richter stand nach einem über sechs Monate dauernden, aufsehenerregenden Prozeß fest: schuldig! Die Verbrechen des erpresserischen Menschenraubes und der schweren Körperverletzung – Richard Oetker hat sich von den schweren Verletzungen nie erholt – seien in »Mittäterschaft« verübt worden, meinte das Gericht, aber auch den Einzeltäter Zlof mochten die Richter nicht ausschließen. Bis heute fehlt von den 21 Millionen Mark Lösegeld jede Spur . . .

LEBENSLÄNGLICH FÜR DIE FALSCHEN?

Der »Fall Brühne-Ferbach«

»Ich will keine Gnade, ich will Gerechtigkeit.« Die das ihren Anwälten und Freunden über eineinhalb Jahrzehnte Haft hinweg immer wieder beschwörend mit nach draußen gab, war Vera Brühne, die am 4. Juni 1962 vom Schwurgericht des Landgerichts München II im wohl spektakulärsten Indizienprozeß der deutschen Nachkriegsgeschichte zu lebenslanger Haft verurteilt worden war. Spannungsgeladen, durch den Fall, den Prozeß und den Medienrummel aufgeheizt, lauschte die ganze Nation an diesem Tag dem Urteil des Schwurgerichts unter Vorsitz von Landgerichtsdirektor Klaus Seibert: »Vera Brühne und Johann Ferbach sind schuldig zweier in Mittäterschaft begangener Verbrechen des Mordes. Sie werden zu lebenslangem Zuchthaus verurteilt.« Vera Brühne erstarrte für wenige Sekunden, dann schlug sie die Hände vors Gesicht und schrie, in Tränen ausbrechend: »Ich bin unschuldig! Ich bin unschuldig!«

Fünf Monate hatte der Prozeß und das Medienspektakel rund um die 52jährige Vera Brühne und ihren 48jährigen Bekannten, den in Köln lebenden Montageschlosser Johann Ferbach, gedauert. Das Gericht, drei Berufsrichter und sechs Geschworene, allesamt Männer aus der bayerischen Provinz, sah es als erwiesen an, daß Vera Brühne und Johann Ferbach den mit der Brühne befreundeten Münchner Arzt Dr. Otto Praun und dessen Haushälterin Elfriede Kloo in Prauns Villa in Pöcking am Starnberger See erschossen hatten, aus Habgier, wie die Geschworenen befanden. Demnach wollte Vera Brühne einer angeblich geplanten Testamentsänderung ihres Freundes und Geliebten Praun, die dieser zu ihrem Nachteil in Erwägung gezogen haben soll, zuvorkommen. Dr. Praun hatte anscheinend beabsichtigt, Vera Brühne, die im Falle seines Todes das luxuriöse Praun'sche Anwesen an der spanischen Costa Brava geerbt hätte, aus dieser Gunst zu streichen.

Der Doppelmord, der Prozeß, die Haft — der »Fall Vera Brühne/Johann Ferbach« machte Justizgeschichte und dürfte bis heute von keinem anderen Kriminalfall an Spektakulärem, Sensationellen und an Ungereimtheiten übertroffen sein. Ein Indizienprozeß, der sich schnell zu einem Justizskandal auswuchs, zu einer Affäre, die bis in die Politik, die Geheimdienste und internationale Waffenschieberei hineinreichte, auch da immer alles unbewiesen, auf Indizien, auf Vermutungen beruhend, wie auch das Urteil gegen Brühne und Ferbach selbst. Ein folgenschwerer und verhängnisvoller Justizirrtum in der Angelegenheit Brühne/Ferbach konnte nie ausgeschlossen werden, und immer verteidigte die bayerische Justiz das »lebenslänglich« als bewiesen und unumstößlich, lehnte nach der ebenfalls umstrittenen Bestätigung des Urteils durch den Bundesgerichtshof zahlreiche Wiederaufnahmeanträge für ein neues Verfahren ab, obwohl die juristische Fachwelt, Gutachter und Experten ein solches über all die Jahre für dringend geboten hielten. Aber die bayerische Justiz schaltete auf stur, ganz nach dem Motto: Was wir einmal als Recht befunden haben, kann morgen nicht Unrecht sein. Eine Wiederaufnahme hätte — und dafür sprach ein Berg an neuen Erkenntnissen — für Vera Brühne vermutlich die Freiheit bedeutet. Denn der Pöckinger Doppelmord stand von seiner Entdeckung an unter dem Stern kriminologischer und polizeilicher Schlamperei, die über die Jahre immer wieder den Verdacht nährte, die bayerische Justiz brauchte ihre Opfer, um sich selbst zu rehabilitieren und eine fachgerechte und heile Welt zu demonstrieren, vollkommen unsensibel dafür, daß gerade ein eingestandener Justizirrtum erst die wirkliche rechtsstaatliche Kultur in einem demokratischen Gemeinwesen ausmacht.

Die attraktive und äußerst selbstbewußte Frau blieb bis zu ihrer Begnadigung 1979 durch den bayerischen Ministerpräsidenten Franz Josef Strauß im Frauengefängnis Aichach inhaftiert, immer und bis heute, da sie an einem stillen und geheimen Ort zurückgezogen lebt, ihre Unschuld beteuernd. Auch Johann Ferbach, der 1970 in der niederbayerischen Justizvollzugsanstalt Straubing starb, beschwor noch auf dem Sterbebett, daß er all die Jahre unschuldig hinter Gittern gesessen habe.

Der 65jährige praktische Arzt Dr. Otto Praun verließ am 14. April 1960, Gründonnerstag, gegen 19 Uhr seine Münchner Praxis und fuhr in seine Villa nach Pöcking am Starnberger See. Als am Dienstag nach Ostern Dr. Praun nicht in seiner Praxis erschien und auch niemand in Pöcking ans Telefon ging, wurde die Sprechstundenhilfe stutzig, zumal ihr Chef als äußerst korrekt und pünktlich galt. Gemeinsam mit ihrem Freund fuhr die mißtrauische Frau kurzerhand an den Starnberger See, um nach dem Rechten zu sehen. Nachdem bei Dr. Praun niemand öffnete, betrat der Freund der Sprechstundenhilfe durch die unverschlossene Terrassentür das Haus und stieß – es war gegen Mitternacht – auf die blutüberströmte Leiche des Dr. Otto Praun. Die nach wenigen Minuten eingetroffene Landpolizei fand noch eine weitere Tote, die Haushälterin des Arztes, Elfriede Kloo (50), die im Keller lag und ganz offensichtlich durch einen Genickschuß aus nächster Nähe getötet worden war.

Für Landpolizei und Kripo stand fest: Mord und Selbstmord. Praun und seine Haushälterin, die schon seit langem wie Mann und Frau zusammenlebten, hätten gemeinsam aus dem Leben scheiden wollen, hieß es. Erst hätte Praun seine Haushälterin erschossen und dann sich selbst. Der Fall schien klar, entsprechend leichtfertig wurden den Spuren gesichert, kriminalistisch serienweise Fehler gemacht. Da wurde es versäumt, herumstehende und -liegende Schnapsgläser und Zigarettenkippen zu untersuchen, Fingerabdrücke zu nehmen, die Leichen zu obduzieren. Die zerborstene Uhr des toten Dr. Praun wurde nicht eingehend unter die Lupe genommen, ein Schlüsselfehler wie sich später bei der für den ganzen Prozeßausgang entscheidenden Frage nach der genauen Tatzeit herausstellen sollte. »Pannen und kriminalistische Blindheit schon gleich nach Bekanntwerden der Pöckinger Todesfälle hatten bewirkt, daß speziell die Festlegung der genauen Tatzeit selbst nach den damals gängigen

Methoden im Ermittlungsverfahren unterblieb«, notierte der »Spiegel« (39/73).

Es war eben ein Selbstmord – und was sollte man da schon groß untersuchen. Entsprechend gab der Staatsanwalt, der sich ebenfalls die Theorie von Mord und Selbstmord zueigen gemacht hatte, die Toten am Tag nach ihrer Entdeckung, am 20. April, zur Bestattung frei. Die »Süddeutsche Zeitung« bemerkte im April 1970 in ihrem Bericht »Heute vor zehn Jahren« – Mord an Dr. Praun und Elfriede Kloo« zu Recht, daß es, wäre die Leiche Dr. Prauns eingeäschert worden, niemals einen Brühne-Prozeß gegeben hätte. Aber es kam alles ganz anders.

Der Sohn des Dr. Praun erstattete im August 1960 im Zusammenhang mit der Eröffnung des Testaments seines Vaters Anzeige gegen Unbekannt, weil er der Selbstmordthese der Polizei nicht folgen wollte. Der Sohn verlangte eine Exhumierung des Toten. Nachdem Dr. Praun sen. im gerichtlich-medizinischen Institut München obduziert worden war, stand die Sensation fest: Im Kopf des Toten fanden sich zwei Einschüsse und nicht, wie von der Polizei festgestellt, ein Einschuß. Ganz offensichtlich konnte sich Dr. Praun nicht selbst umgebracht haben, er war, ebenso wie Elfriede Kloo, ermordet worden. Ein Doppelmord. Und der spektakulärste Fall der bundesdeutschen Kriminalgeschichte kam ins Rollen.

Aber wer konnte ein Interesse daran gehabt haben, den Arzt und seine Haushälterin zu töten, da doch ein Raubmord ausgeschlossen werden konnte. Da war das Testament des Dr. Praun und das angebliche Motiv: Vera Brühne wurde verhaftet und mit ihr Johann Ferbach, ein Freund und Vertrauter aus frühen Tagen, der anfänglich als Zeuge gegen die Brühne aussagen sollte. Im Testament hatte der Arzt 1959 seine frühere Geliebte Vera Brühne, mit der er seit 1957 eng befreundet war, mit seinen Liegenschaften an der spanischen Costa Brava bedacht – für den Fall, daß das Haus im Wert von über einer Million Mark nicht noch zu Lebzeiten verkauft werden sollte. Das Verhältnis Praun-Brühne war aber in den letzten Monaten sichtlich abgekühlt, der Arzt hatte angeblich seiner früheren Freundin mit der Veräußerung des Anwesens gedroht. Für die

18

Staatsanwaltschaft und das Gericht stand fest: Vera Brühne hatte in den Besitz der Villa gelangen wollen. Da sie aber angeblich berechtigten Grund zu der Annahme hatte, Dr. Praun würde sein Testament widerrufen und sie enterben, habe sie sich entschlossen, Dr. Praun zu ermorden, um den Besitz zu erhalten.

Für die Staatsanwaltschaft hatte sich der Pöckinger Doppelmord so zugetragen: Vera Brühne hatte mit dem ihr seit 1943 bekannten Johann Ferbach Kontakt aufgenommen und den Mordplan ausgeheckt, nachdem sie Ferbach zuvor zugesagt habe, mit ihm später in die spanische Villa zu ziehen. Vera Brühne und Johann Ferbach seien am Gründonnerstag nach Pöcking gefahren. Während Vera Brühne hatte im Auto auf Ferbach wartete, habe sich dieser unter der Vorlage eines fingierten Briefes bei der Haushälterin Elfriede Kloo Eingang ins Haus verschafft und sie dann durch einen Genickschuß getötet. Als Dr. Praun gegen Abend nach Hause kam, habe Ferbach auch ihn mit zwei Kopfschüssen aus einer Pistole ermordet und damit im Auftrag Vera Brühnes den Doppelmord begangen.

Am 25. April 1962 begann der Prozeß gegen Vera Brühne. Das Interesse der Öffentlichkeit war ungeheuerlich, angeheizt durch wochenlange Vorberichte über die Brühne und den Doppelmord. Sex und Crime war im Spiel, Geld und süßes Leben. Nur mit Sperrgittern und einem starken Polizeiaufgebot konnten die Schaulustigen und Neugierigen zurückgehalten werden, die von jedem neuen Prozeßtag zu Hunderten angelockt wurden. Zeitungen und Zeitschriften, Funk und Fernsehen berichteten über den Prozeß wie nie zuvor über ein Verfahren, registrierten jede Regung der attraktiven Vera Brühne, beschrieben ihre Garderobe, zitierten nahezu alle Äußerungen. Über Nacht wurde die Angeklagte zum Medienstar — und das sollte über zwei Jahrzehnte so bleiben.

Das Gericht legte sich auf Gründonnerstag als Tattag fest, Uhrzeit 18.45 Uhr, obwohl die Toten erst am Dienstag nach Ostern gefunden worden waren. Am Mittwochabend aber waren Johann Ferbach und Vera Brühne noch in Köln gesehen worden, Ferbach behauptete zeitlebens, am Mordtag in Köln gewesen zu sein. Doch das anfängliche Alibi seiner damaligen Freundin, die ursprünglich

19

in Ferbachs Sinne ausgesagt hatte, geriet durch allerlei Widersprüche ins Wanken. Schließlich meinte die Kölner Zeugin, Ferbach erst am Freitag wieder in der Donnstadt getroffen zu haben. Das Gericht begann sich so auf die zweifelhafte Tatzeit des Gründonnerstag zu kaprizieren. Alternative Zeiten wurden überhaupt nicht mehr in Betracht gezogen, obwohl sie sich mannigfach aufdrängten. Schon während des Prozesses beschlich aufmerksame und kritische Beobachter das Gefühl, hier werde allzu leichtfertig ein Indizien-Puzzle zusammengesetzt. Rudolf Augstein im »Spiegel« (15/70): »Johann Ferbach und Vera Brühne sitzen lebenslänglich in Haft, ohne daß ihnen die zur Last gelegte Tat mit Tatsachen, die einem Rechtsstaat genügen könnten, nachgewiesen worden wäre.«

Das Urteil »lebenslänglich« gegen Vera Brühne und Johann Ferbach stützte sich letztendlich auf zwei äußerst dubiose Aussagen von Zeugen, die aber zu Schlüsselfiguren werden sollten: Die Tochter Vera Brühnes aus erster Ehe, Sylvia Cossy, hatte ihre Mutter im Ermittlungsverfahren schwer belastet. Ihre Mutter hätte ihr vom Mord an Dr. Praun erzählt, ihr gegenüber ein »Geständnis« abgelegt. Doch Sylvia widerrief ihre Aussagen in der Hauptverhandlung. Das Gericht ließ diese neuerliche Einlassungen aber nicht gelten, da sie »an Dürftigkeit nicht mehr zu überbieten« seien.

»Kronzeuge« der Anklage aber wurde der mehrfach vorbestrafte Siegfried Schramm, ein »Berufsdenunziant«, der sich während der Haft als Polizeispitzel angedient hatte, um seinen Mithäftling Ferbach auszuhorchen. Schramm behauptete, Ferbach habe ihm in der Zelle seine Schuld an dem Doppelmord von Pöcking gestanden, obwohl er theoretisch auch alles aus der Zeitung hätte wissen können, aber vorgab, von dem allerorten publizierten Fall nichts gehört oder gelesen zu haben. Die Richter glaubten dieser unseriösen Aussage, würgten alle Initiativen ab, die Aussagetüchtigkeit und Glaubwürdigkeit Schramms durch einen Sachverständigen bewerten zu lassen und entließen den Serien-Betrüger vorzeitig auf freien Fuß.

Nach 22 Verhandlungstagen dann am 4. Juni 1962 das Urteil: »lebenslänglich!« Vera Brühne brach zusammen.

Von Anfang an war dieses Urteil aufs Heftigste umstritten. Es sorgte für handfeste Diskussionen und führte wohl zu einer in der Geschichte der Bundesrepublik einmaligen Initiative von Juristen aller Couleur und Lager. Die »FAZ« überschrieb einen Kommentar mit der Überschrift: »Im Zweifel gegen den Angeklagten«. Den »bis zum heutigen Tag fortwirkenden Skandal« (Rudolf Augstein) beschrieben zahlreiche Autoren in Büchern mit immer neuen Details und Enthüllungen und einer durchgehenden Schelte des Münchner Schwurgerichts und der Staatsanwaltschaft. Nachdem ein halbes Jahr nach der Urteilsverkündung der Erste Strafsenat des Bundesgerichtshofes auch noch die Revision als unbegründet verwarf und keinerlei Rechtsfehler bei dem Münchner Urteil auszumachen vermochte, geriet dieser mögliche Justizirrtum in einen dauernden Widerstreit der Meinungen.

Prominentester Kritiker des Urteils aufgrund fragwürdiger Indizien und Zeugenaussagen war 1971 der ehemalige Bundesrichter und Senatspräsident des Bundesgerichtshofs, Heinrich Jagusch, der das Urteil in Bausch und Bogen verriß, kompetent und lückenlos. Er legte dar, weshalb seiner Meinung nach der Bundesgerichtshof 1962, als er die Revision ablehnte, falsch entschieden hatte. Für ihn war dabei die Fragwürdigkeit der Tatzeit ebenso entscheidend wie für eine Reihe von Gerichtsmedizinern, die aufgrund von Leichenstarre-Forschungen zu dem Ergebnis kamen, daß Otto Praun und Elfriede Kloo nicht am Gründonnerstag gestorben sein konnten, sondern um einiges später, zu einem Zeitpunkt also, wo sich Johann Ferbach nachweislich nicht in München bzw. Pöcking aufgehalten hatte. Elfriede Kloo und Otto Praun waren demnach nicht am 14. April 1960 gegen 20 Uhr erschossen worden.

Als deutlich wurde, daß das Urteil des Münchner Schwurgerichts von 1962 falsch sein mußte, weil aufgrund neuer wissenschaftlicher Erkenntnisse die Tatzeit, ein Schlüssel des »Lebenslang«-Urteils, nicht stimmte, schrieb der »Spiegel« im März 1972: »Der Fall Brühne geriet für die Verfahrenskritiker zum Synonym des Justizirrtums, für Bayerns Justiz zum Exempel ihrer Glaubwürdigkeit. Und mit Widerspruch befrachtet war das Kriminalstück schon nach den ersten Ermittlungen der Polizei, bei denen gravierende

Pannen passierten. Ein Spitzel als Zeuge; mißglückte Alibis, die als Schuld-Indizien gewertet wurden; Aussagen, die widerrufen wurden; Schablonen von der alternden, doch attraktiven Frau, die mit ihrem Liebhaber per Doppelmord frühzeitig einen Landsitz in Spanien erben will; Abziehbilder von spätem Sex und Dolce vita — dies bestimmte die Szenerie vor dem Schwurgericht, beflügelte Vorurteile und stand der Wahrheitsfindung im Weg.«

Obwohl vieles für einen eklatanten Justizirrtum sprach, der ein Wiederaufnahmeverfahren und damit eine neuerliche Tatrekonstruktion mit weiteren Details dringend notwendig erscheinen ließ, obwohl das Münchner Schwurgericht als auch die Revisionsrichter des Bundesgerichtshofes in ihren Urteilen eklatant gegen Denkgesetze und die Strafprozeßordnung verstoßen hatten, wurde ein Wiederaufnahmeantrag nach dem anderen abgelehnt. Der Fall Vera Brühne begann immer tragischer zu werden. Einerseits sprach alles für einen Justizirrtum, andererseits konnten die »Lebenslängliche« und ihre Anwälte nichts Wirksames dagegen unternehmen, weil dieser Justizirrtum unwiderruflich rechtskräftig geworden war. Eine zweite Tatsacheninstanz für Kapitalverbrechen gab es nicht, ein Unding innerhalb der deutschen Rechtsprechung. Und welche Richter wollten sich schon im nachhinein eingestehen, möglicherweise geirrt zu haben. Die Münchner Richter und Geschworenen jedenfalls nicht. Für Ex-Senatspräsident Jagusch ist »ein optimales und faires Wiederaufnahmerecht ein Kulturmaßstab«.

Als 1975 auch noch der damalige bayerische Ministerpräsident Alfons Goppel ein Gnadengesuch der Brühne, zu dem sie sich endlich durchgerungen hatte, ohne Begründung abgelehnt, schossen erneut die »Spekulationen mit einem Schuß Wahrheit« in die politisch-juristische Arena. So hieß es immer wieder, Otto Praun sei ein Waffenhändler gewesen, im Bunde mit Geheimdiensten und internationalen Waffenschiebern, deren Verbindungen bis in die Nähe maßgeblicher CDU-Politiker, insbesondere des damaligen Verteidigungsministers Franz Josef Strauß, der ohnehin in zahlreiche Affären verwickelt war, gereicht hätten. Vera Brühne und Johann Ferbach seien verurteilt worden, um die möglichen Täter aus diesem Milieu zu schützen, um von ihnen abzulenken, sie seien aller Wahrscheinlichkeit Opfer eines »hochpolitischen Justizskandals«.

Der Fall Brühne-Ferbach wurde niemals aufgeklärt, auch nicht, als Vera Brühne 1979 auf freien Fuß kam. Vera Brühne, die 17 Jahre ihres Lebens im Zuchthaus Aichach verbringen mußte, behauptet heute wie schon nach der Urteilsverkündung am 4. Juni 1962: »Ich bin unschuldig!«

ENTFÜHRT, VERSCHLEPPT UND FREIGELASSEN

Die Entführung der Nina von Gallwitz

Die längste Entführung in der Geschichte der Bundesrepublik dauerte 149 Tage, knapp fünf Monate.

Am 15. Mai 1982 wurde die achtjährige Schülerin Nina von Gallwitz gegen ein Lösegeld von 1,5 Millionen Mark freigelassen. 149 Tage Zittern, Bangen, Ungewißheit gingen dem aufsehenerregenden Kidnapping voraus, ein Katz- und Maus-Spiel für die Eltern, die Polizei, die teilnehmende Öffentlichkeit. Auseinandersetzungen zwischen den Eltern und der »Soko« kennzeichneten die Fahndung, dramatische Geldübergabeversuche, schillernde Vermittler.

Von den Entführern fehlt bis heute jede Spur. Waren sie besonders intelligent, außergewöhnlich dreist, ein völlig neuer Typus Krimineller, der die Eltern irritierte, die Polizei ratlos machte und den Psychologen Rätsel aufgab?

Der »Fall Nina von Gallwitz« — ein dramatischer Krimi ohne endgültige Auflösung.

Köln, am 18. Dezember 1981: Es begann alles am frühen Morgen dieses Tages, um 7.45 Uhr. Die Familie von Gallwitz wohnte im Kölner Villenviertel Rodenkirchen-Hahnwald. Wie an jedem Morgen machte sich die kleine Nina vom Elternhaus Im Hasengarten auf den Weg zum rund 200 Meter entfernt abfahrenden Schulbus. Doch das Kind erreichte nie die Bushaltestelle, Nina wurde in diesen wenigen Minuten gekidnappt und verschleppt.

Es konnte auch später nie endgültig geklärt werden, ob die kleine Nina ein zufälliges Opfer der Entführer wurde oder ob die Tochter des Kölner Bankprokuristen Hubertus von Gallwitz und seiner Frau Beatrice gezielt gekidnappt worden war. Denn nur wenige hundert Meter vom Anwesen der Familie von Gallwitz entfernt war

24

ein knappes Jahr zuvor der elfjährige Johannes Erlemann, Sohn eines Kölner Finanzmaklers, entführt worden und später gegen ein Millionenlösegeld freigekommen. Ein Fall, der seinerzeit auch die Familie von Gallwitz tief bewegt und zu zusätzlicher Vorsicht gemahnt hatte, obwohl die Erlemann-Entführer schon wenige Wochen nach der Tat gefaßt werden konnten.

Am vermuteten Tatort fanden die Eltern lediglich den Schulranzen ihrer Tochter und einen Nierenschutzgurt, der wahrscheinlich den Tätern gehörte und auf ein Kidnapping per Motorrad schließen ließ. Mittags gegen 13 Uhr klingelte bei der Familie von Gallwitz das Telefon. Hubertus von Gallwitz nahm den Hörer ab. Nina war am Apparat, offensichtlich hatte sie auf Tonband sprechen müssen: »Liebe Mama. Hier ist Nina. Heute morgen haben mich zwei Männer mitgenommen. Keine Polizei.« Klick. Es bestand kein Zweifel mehr. Die Tochter war Opfer einer Entführung geworden. Und diese Entführung nahm einen einzigartigen Verlauf.

Denn die Kidnapper gingen vollkommen unorthodox vor und verblüfften alle Beteiligten: Sie verlangten nicht wie üblich eine bestimmte Lösegeldsumme, sondern fragten in einem der Rodenkircher Pfarrei St. Josef zugestellten Brief bei den Eltern an, was ihnen ihre Tochter wert sei. Die Entführer orderten den Vater dann an den Rhein, wo ein Walkie-Talkie deponiert lag. Wie angewiesen mußte der Bank-Prokurist seinem unsichtbaren Gegenüber Auskünfte geben über seine Vermögensverhältnisse, die Ersparnisse und alle Gelder, die er auftreiben könne, wenn er seine Tochter lebend wiedersehen wolle.

Die Erpresser legten schließlich ein Lösegeld von 800.000 Mark fest, mit dem Hubertus von Gallwitz einverstanden war. Am Heiligabend sollte das Geld aus einem fahrenden Zug geworfen werden. Aber kurz vor der Aktion brachen die Entführer die Übergabe ab, ohne Nennung von Gründen. Ähnliches wenige Tage später: Da sollten die Eltern der kleinen Nina das Geld aus einem Hubschrauber werfen, der über Funk an einen bestimmten Ort dirigiert werden sollte. Doch die Täter vermuteten hinter dieser Operation die Polizei – und sie hatten nicht unrecht. Obwohl die Entführung bislang vor der Öffentlichkeit verheimlicht werden konnte, war die Polizei dennoch mit im Spiel, allerdings fernab von allen Verhandlungen – so hatten es die Eltern verlangt. Aber konnten sie und die Entführer sich darauf verlassen?

Auch alle anderen geplanten Geldübergaben scheiterten letztendlich immer wieder daran, daß die Bedingungen der Aktionen, so wie sie von den Entführern vorgeschlagen und gefordert wurden, technisch überhaupt nicht oder nur unter äußersten Schwierigkeiten zu bewerkstelligen waren. Es gab eine Reihe an Indizien dafür, daß dieses auf den ersten Blick umständlich wirkende Verhalten der Kidnapper Kalkül war, um die Eltern zu zermürben. Es schien den Tätern nichts am schnellen und riskanten Kassieren der 800.000 Mark zu liegen, sie wollten ganz auf Nummer sicher gehen. Und sie erhöhten die Lösegeldforderung. Anfänglich um die von den Eltern ausgesetzte Belohnung von 100.000 Mark für den Fall der gesunden Heimkehr ihrer Tochter, dann schraubten sie das Lösegeld auf 1,2 Millionen Mark in die Höhe. Immerhin: Daß Nina lebte, schien klar. In unregelmäßigen Abständen gingen Tonbänder mit Ninas Stimme ein, auf denen sie aktuelle Tagesmeldungen aus der Zeitung vorlas.

Bereits nach der geplatzten Geldübergabe per Hubschrauber entschlossen sich die Eltern Gallwitz zur Einbeziehung der Öffentlichkeit. Über Funk und Fernsehen appellierten sie an die Entführer, nicht zu verzagen und wieder mit ihnen in Kontakt zu treten, um das Geld endlich in einer zu realisierenden Prozedur zu übergeben. Als Vermittler boten sich der damalige Kölner Erzbischof Joseph Kardinal Höffner und verschiedene andere Würdenträger der Erzdiözese Köln an, u.a. Dompropst Heinz-Werner Ketzer. Die Botschaften zwischen Eltern und Entführern liefen immer über den rührigen Dompropst, meist mit Schablone oder Schreibfolie in verschnörkeltem Deutsch verfaßt oder direkt über verschlüsselte Zeitungsannoncen.

Doch alle Aktivitäten nützten nichts. Der »Fall Nina von Gallwitz« kam nicht voran. Die Eltern entschlossen sich schließlich doch zu einer öffentlichen Fahndung und ließen den polizeilichen

26

Ermittlungen freien Lauf. Die »Soko Nina« lief auf Hochtouren. Die Eltern erhöhten parallel die Belohnung auf 250.000 Mark, die auch den Entführern und Mitwissern bei der gesunden Heimkehr ihrer Tochter zustehen sollte.

Die Eltern, Prominente und Geistliche appellierten in Zeitungen, Hörfunk und Fernsehen an die Entführer, doch endlich das Geld zu nehmen und die kleine Tina freizulassen. Tausende von Hinweisen aus der Öffentlichkeit gingen bei der Polizei ein, denen akribisch nachgegangen wurde. Doch es wurde ruhiger um Nina, die Entführer stoppten ihre Kontakte, es wurden plötzlich keine Lebenszeichen mehr von Tina übermittelt, Hoffnungslosigkeit machte sich breit.

Nun wurden die Begleiterscheinungen rund um die Entführung immer kurioser. Gerüchte geisterten durch die Gazetten, an den Stammtischen wurden Wetten abgeschlossen, ob Tina noch am Leben sei. Wünschelrutengänger machten sich auf den Weg, die kleine Tina zu suchen. Mehrere hundert Menschen pilgerten, um für Tina zu beten, zur »Schwarzen Muttergottes« in der Kölner Innenstadt. Aufgrund von öffentlichen Tonbandfahndungen kam es zu Denunziationen und Verhaftungen, war von immer neuen heißen Spuren die Rede, aber in Wirklichkeit tat sich nichts. Trittbrettfahrer tauchten allerorten auf und versuchten nun ihrerseits, die leidgeprüfte Familie von Gallwitz zu erpressen. Schon im April wurde ein »Trittbrettfahrer« vom Amtsgericht Düsseldorf zu zwei Jahren Gefängnis verurteilt, nachdem er für eine vermeintliche Freilassung des Kindes von mehreren Pfarrern Bargeld und äußerste Diskretion verlangt hatte.

Nach drei Monaten und keinerlei Erfolgsmeldungen der Polizei platzte Hubertus von Gallwitz der Kragen. Er, der der 65 Mitglieder umfassenden Sonderkommission ohnehin nicht richtig traute, kündigte die Zusammenarbeit mit der Polizei auf, ein umstrittener, rechtlich auch nicht unbedingt legaler Schritt zur möglichen Lösung dieses komplizierten Falles. Der Vater zog die Zustimmung zur Überwachung seines Telefons und des Posteingangs zurück und kündigte an, jetzt erneut direkt mit den Entführern verhandeln zu wollen. Hubertus von Gallwitz vor der Presse: »Wir glauben, daß die bisherigen Fehler nicht nur bei den Entführern liegen, wir müssen die Schuld auch bei uns suchen.« Und die Ohrfeige an die Adresse der Polizei, die zum offenen Krach zwischen von Gallwitz sowie seinem bis dato zur Seite stehenden Anwalt und Berater Viktor Achter und der Polizei führte: »Wir fühlen uns falsch beraten, auch von der Polizei!«

Die Eltern waren fest entschlossen, mit den Kidnappern wieder in Kontakt zu treten, ihrer Meinung nach die einzige Chance, das Leben ihrer Tochter zu retten. Und dazu hatten sie sich den Journalisten Franz Tartarotti auserkoren, der schon im Fall der Entführung der Kinder des Fernsehjournalisten Kronzucker als Vermittler und Überbringer der Lösegeld-Millionen erfolgreich agiert hatte und als Garant für absolute Verschwiegenheit galt. Er sollte das Vertrauensverhältnis zu den Kidnappern erneuern, die in ihren Botschaften immer wieder mißtrauisch hatten wissen lassen: »So nicht! Sie müssen erst lernen! Wir denken, Sie wollen nicht wirklich zahlen.«

In großen Zeitungsanzeigen wandte sich Tartarotti »an die Entführer von Nina«. Er garantierte den Kidnappern die absolute Einhaltung ausgehandelter Bedingungen und strikte Verschwiegenheit. »Ich gebe Ihnen mein Ehrenwort«, versicherte der Journalist und ließ die Entführer wissen, daß sie am Scheitern der vorausgegangenen Auslösungsversuche keine Schuld gehabt hätten. »Es liegt in Ihrem Ermessen, ob Sie mir vertrauen wollen. Sollten Sie sich dazu entschließen, so schlüge ich eine erste Kontaktaufnahme mit Lebenszeichen in einer ähnlichen Weise vor, wie Sie es bei Ihrer ersten schriftlichen Nachricht praktiziert hatten. Eine solche Nachricht sollte zwischen einer von Ihnen gewählten Anlaufadresse und mir notgedrungen postalisch erfolgen, damit sie nicht in die Hände Dritter gelangen kann.«

Damit war überdeutlich, daß die Polizei endgültig aus dem Spiel bleiben sollte. Nachdem die Eltern auch noch die 250.000 Mark Belohnung zurückgezogen hatten, stellte die Kölner Polizei am 25. März notgedrungen alle weiteren Ermittlungen ein.

Nach den Anzeigen Tartarottis wurde es ruhiger um den Entführungsfall Nina von Gallwitz. Was weder die Polizei noch die Öffentlichkeit wußte: Die Kidnapper gingen bereits am folgenden Tag auf den Vermittlungsversuch des Journalisten ein. Ein äußerst kompliziertes Verhandlungsnetz wurde aufgebaut, anfänglich wiederum über einen Kölner Priester, schließlich verständigte man sich neun Wochen lang über einen »relativ komplizierten Code« über eine große deutsche Tageszeitung mit den Entführern«, wie Franz Tartarotti später berichtete. Und der Journalist ließ wissen, in all den Wochen niemals selbst Sprechkontakt mit den Entführern gehabt zu haben. Die letzte schriftliche Mitteilung der Entführer an Tartarotti lautete: »Wenn Nina frei: dann können sie sagen Polizei und Presse alles . . . Nina sagt: bitte Vati mitkommen.«

Am 15. Mai wurde Nina von Gallwitz freigelassen. Sie wurde von ihren Entführern mit verbundenen Augen, eine Weckuhr in der einen und ihren kleinen Stoffhund in der anderen Hand, kurz vor Mitternacht an der Autobahnraststätte bei Solingen ausgesetzt. Die Täter hatten der kleinen Nina eingebleut, erst nach Läuten des Weckers die auf einen Zettel notierte Telefonnummer der Eltern anzuwählen. Ein Kellner entdeckte das Mädchen und rief die Nummer an. »Niemand darf das Mädchen sehen«, verlangte die Stimme am anderen Ende der Leitung, »wir sind in einer Viertelstunde da.« Franz Tartarotti und Hubertus von Gallwitz rasten zur Autobahn-Raststätte Ohligser Heide an der Autobahn Düsseldorf-Leverkusen. Doch ein Kollege des Kellners hatte auch die Polizei verständigt. Als Hubertus von Gallwitz seine Tochter in die Arme schließen und mitnehmen wollte, wurde er von der Polizei daran gehindert, da er in der Eile seinen Ausweis vergessen hatte und sich nicht ausweisen konnte. Das Kind wurde auf die Polizeiwache nach Solingen gebracht. Es kam zu einem handfesten Streit mit der Polizei.

Schon drei Tage vor der Freilassung Ninas hatte Franz Tartarotti nach genauesten Anweisungen der Kidnapper eine Tasche mit 1,5 Millionen Mark bei Andernach aus dem fahrenden D-Zug 209 Dortmund-Basel geschleudert. Als er über Kopfhörer ein Funksignal erhielt, warf er die Tasche aus dem Fenster. Ein zweites Signal bedeutete: Die Übergabe hatte geklappt.

Die längste und dramatischste Entführung in der Geschichte der Bundesrepublik hatte ein glückliches Ende genommen, freilich, unter Ausschluß der Polizei. Und das sollte ein Nachspiel haben: Denn es begann eine hitzige Debatte darüber, ob die Ausschaltung der Polizei aus der Verfolgung eines Verbrechens nicht wider alle polizeilichen Aufgaben und damit unzulässig ist. Darf eine Privatperson wie Hubertus von Gallwitz überhaupt den gesetzlichen Auftrag der Polizei, strafbare Handlungen aufzuklären, eigenmächtig unterbrechen und behindern? Ähnlich kontrovers wurde die Rolle Tartarottis diskutiert, vor allem, nachdem er der Polizei grobe Fehlleistungen bei der Suche nach Nina vorgeworfen hatte, durch die das Leben des Kindes leichtfertig aufs Spiel gesetzt worden sei, indem sich die Polizei nicht an die Anweisungen der Entführer gehalten habe. Wut kam auf, als Franz Tartarotti die »Nina-Story« in Wort und Bild für 300.000 Mark an die »Bunte« verkaufte, um den Eltern zu helfen, die Schulden durch das aufgebrachte Lösegeld zu mindern.

Die Polizei fahndete nun erneut fieberhaft nach den Entführern und verfolge rund 5.000 Spuren. Immer mal wieder tauchten an verschiedenen Stellen Europas registrierte Banknoten aus dem Lösegeld auf, ein Drittel der Beute wurde sogar in einem Waldstück im sauerländischen Meinerzhagen gefunden. Die türkischen Finder hielten den überraschenden Geldsegen für ein Geschenk Allahs und unterschlugen die Beute anfänglich. Aber sie hatten mit der Entführung nichts zu tun, sie nicht und alle anderen Verdächtigen auch nicht.

Von den Kidnappern, die erstmals italienischen Entführern ähnlich vorgegangen waren, nie nervös und von ungeheurer Geduld beseelt schienen, fehlt bis heute jede Spur . . .

WER HAT BRUNO FABEYER GESEHEN?

Die Jagd nach dem Polizistenmörder

Es war im Sommer 1965. Der Ganove und Gewohnheitsverbrecher Bruno Fabeyer, ein schlichter, eher unauffälliger Mann, Anfang 40, stotternd und mit einer deprimierend stimmenden Jugend und Vergangenheit belastet, war gerade aus der Sicherheitsverwahrung des Zuchthauses Celle entlassen worden, wo er seit 1957 wegen einer Einbruchserie einsaß. Diebstahl und Einbruch waren bis dato Lebensinhalt des Bruno Fabeyer, keine besonders schweren, eher mäßige Brüche, dafür aber Einbruchdiebstähle in schöner Regelmäßigkeit. Auch seine Methode blieb immer die gleiche: Der eher harmlose Dieb schlug vorzugsweise auf dem flachen Land zu. Mit Nachschlüsseln drang er in Häuser und Gehöfte ein, stahl mit Vorliebe Lebensmittel in Vorratskammern, schnappte sich auch schon mal das von der Bäuerin oder Hausfrau aufbewahrte Haushaltsgeld und hatte es aus einem ganz pragmatischen Grund auf Kleidungsstücke abgesehen: Durch eine ständig neue Kostümierung konnte er sich äußerst wirkungsvoll dem Zugriff der Polizei entziehen.

Anfang August 1965 öffneten sich für Bruno Fabeyer also die Gefängnistore in Richtung Freiheit, wegen guter Führung und der überzeugenden Einsicht in das Unrecht ständigen Stehlens. Doch ehe der Bewährungshelfer seinen eher klein geratenen, fast schmächtigen Klienten mit den vollen Lippen auch nur zu Gesicht bekam, war er schon wieder untergetaucht. Und augenblicklich begann eine neue Einbruchserie auf dem flachen Land, der unzweideutig die Handschrift Bruno Fabeyers zugesprochen werden konnte. Schnell hing in allen Gemeinden zwischen Osnabrück und Paderborn der Steckbrief Fabeyers auf den Polizeiwachen, wurde erneut nach dem kleinen Einbrecher gefahndet, und es schien nur eine Frage von Tagen zu sein, daß er gegriffen werden konnte. Aber es kam alles ganz anders. Es begann eine fast 18monatige Treibjagd auf den Ganoven, der sich zum gefürchteten »Waldmenschen«, einem »Phantom« und »Gespenst« entwickelte und der bis dato meistgejagte Mann in der Geschichte der Bundesrepublik werden sollte. Die Angst ging um vor Bruno Fabeyer, von dem man nur eines wußte: Er stahl und plünderte — und plötzlich schoß er auch.

Ende Dezember 1965: Fabeyer strich durch die Wälder, lebte tagsüber im dichten Unterholz und ging nachts auf Beutetour. Er hatte Hunger. Gegen drei Uhr morgens brach er in Gretesch bei Osnabrück in das Haus des Postbeamten Alois Broxtermann ein. Im Wohnzimmer stahl er aus einer Handtasche vier Mark, plötzlich tauchte er im Schlafzimmer der Tochter auf, das Mädchen begann zu schreien.

Als sich der erwachte Alois Broxtermann dem Einbrecher in den Weg stellen wollte, krachte ein Schuß. Der Postbeamte brach mit einem Bauchschuß zusammmen, wurde teilweise gelähmt und konnte nie wieder richtig gehen. Fabeyer selbst trat die Flucht an, zurück in die Wälder, wie immer auf einem Damenfahrrad.

Als die Polizei in einem von mehreren aufgespürten Waldlagern Fabeyers neben Süßigkeiten, Konserven und Likörflaschen auch Gewehr- und Pistolenmunition fand, war klar, daß es nunmehr mit einem bewaffneten Gangster zu tun hatte, der auch von der Schußwaffe Gebrauch machen würde. Aber die Polizei war sich sicher, den Dieb und Schützen in wenigen Tagen dingfest zu machen, waren doch die Spuren, die er in seinen Waldverstecken hinterließ, allzu verräterisch. Die Beamten stießen auf Unterkünfte, in denen Bruno Fabeyer es sich an kalten Wintertagen gemütlich gemacht hatte — auf gestohlenenen Schaumgummi-Matratzen, zugedeckt mit Federbetten. Er lebte von erlegten Rehen und Kaninchen, denn im Wildern war der Waldmensch perfekt. Irgendjemand mußte ihn doch erwischen, schließlich konnte er sein Wild ja nicht geräuschlos erlegen, mußte er doch einmal einen Friseur aufsuchen, sich sein Medikament Nervogastrol beschaffen, schließlich war Fabeyer schwer magenkrank.

32

Es wurde Februar, und niemand hatte Bruno Fabeyer in den letzten Wochen gesehen, bis folgendes geschah, das die »WAZ« am 17. November 1967 so beschrieb: »Am 24. Februar 1966 – die Nacht vorher hatte er in einer Scheune im Schweger Moor drei Schafe umgeschossen, weil sie ihn beim Schlafen störten – kehrte er abends in Meyerhöfen (Kreis Wittlage) in der Gaststätte Heemann ein und ließ sich ein Kotelett geben. Unweit von ihm hing das Fahndungsblatt mit seinem Konterfei. Die Wirtin erkannte ihn, ein Gast holte aus dem nächsten Dorf mit seinem Wagen den Polizisten Brüggemann. Fabeyer verließ das Gasthaus und radelte ahnungslos auf der Straße, da holte ihn ein Volkswagen ein. Brüggemann kurbelte das Fenster herunter: 'Halt stehenbleiben, Polizei!' Fabeyer sprang vom Fahrrad, lief querfeldein, warf Mantel, Schal und Mütze weg, wurde aber, durch seine Fersen behindert, von dem um sieben Jahre älteren Polizisten nach etwa 50 Metern eingeholt. Wieder feuerte Fabeyer aus unmittelbarer Nähe rücksichtslos mehrere Schüsse ab, Brüggemann stürzte mit der unbenutzten Pistole in der Hand und starb auf dem Transport ins Krankenhaus, während der Mörder vier Kilometer weiter bereits wieder bei einem Bauern einbrach.«

Jetzt begann eine zuvor nie erlebte Treibjagd auf den »Moormörder« mit dem abgesägten Kleinkalibergewehr, an der sich Tausende Polizisten mit Hunderten von Spürhunden beteiligten, Jäger, Wildhüter und die Bevölkerung. Funkwagen waren pausenlos im Einsatz, Hubschrauber überflogen die Wälder. Ganze Kompanien an Polizeibeamten durchkämmten mit Maschinenpistolen bewaffnet riesige Landstriche in Niedersachsen und Westfalen, zwischen Osnabrück, Diepholz, Münster, Bielefeld und Paderborn. Sie umstellten und stürmten leerstehende Jagdhütten, bombardierten unterirdische Stollen mit Tränengas, formierten Kessel um Kessel.

Und die Menschen verbarrikadierten sich, immer in der Angst, Bruno Fabeyer könnte sie als nächstes Opfer ausmachen, bei ihnen einbrechen, von ihm überrascht werden. Fabeyer schien überall, denn die Polizei fand während der Mammutrazzien in deutschen Wäldern 13 zum Teil komfortabel ausgestattete Unterkünfte,

Schlupflöcher mit teilweise skurrilen Utensilien, ganzen Betten, regelmäßig Hustenbonbons, einen Elektro-Rasierer. Und immer wieder Damenfahrräder, das vom »Moormörder« bevorzugte Fortbewegungsmittel. Der Grund: Das Damenfahrrad konnte Fabeyer, sollte er erkannt und gestellt werden, blitzschnell fallenlassen, um die Flucht zu Fuß fortzusetzen.

Das Fabeyer-Fieber wurde zur Fabeyer-Hysterie. Es gab zahlreiche Verhaftungen Unschuldiger. Die Menschen sahen plötzlich Gespenster, denunzierten sich gegenseitig. Tauchte ein Fremder an der Theke irgendeines Dorfkrugs auf, mußte er damit rechnen, von den Einheimischen überwältigt oder durch die Polizei gestellt zu werden. Fabeyer war in den Hirngespinsten der Menschen allgegenwärtig. Er wurde zum Stammtischgespräch Nummer eins, in vielen Ortschaften brannte nachts durchgehend die Straßenbeleuchtung, weil die Menschen Angst hatten, womöglich unvermittelt Bruno Fabeyer zu begegnen. Andere legten Köder in Form von Nahrungsmitteln aus, um so an die Belohnung von 6.000 Mark zu gelangen.

Fabeyer im Emsland, im Ruhrgebiet, dann im Bergischen Land, in den Wäldern Westfalens, Hessens und Bayerns. Wo immer der »Waldmensch« angeblich gesehen worden war, zogen Bataillone von Polizisten aus, um ihn zu fangen. Und der hagere, magenkranke Mann, dieser Verbrecher ohne Autos, ohne Frauen, ohne Glamour und große Beute — er stahl immer nur soviel Geld, wie er gerade zum Leben brauchte, einmal gar nur Markstücke, um in einen Lebensmittelautomaten Konserven ziehen zu können — dieser seit einem Bruch beider Fersenbeine leicht fußlahme Mann, der hier einige Tafeln Schokolade mitgehen ließ und dann einige Flaschen Bier, mal ein Fahrrad und dann wieder in eine Apotheke einbrach, um das Medikament gegen seine Magenkrankheit zu »erbeuten«, dieser Mann narrte die Polizei auf provozierende Weise. Seine »Taktik des Überlebens« ließ ihn monatelang instinktiv das Richtige tun, den Polizei-Heeren ein ums andere Mal ein Schnippchen schlagen, wenn er, der in den Wäldern zu Hause war, aus der Zeitung oder dem Radio erfuhr, wo er gerade wieder einmal gesucht wurde. Fabeyer verließ dann den Polizei-Kessel gänzlich,

34

stieg vom Damenfahrrad auf die Bahn um und suchte sich neue Reviere fernab Westfalens und Niedersachsens.

Fabeyer reiste abwechselnd nach Koblenz, München, Bad Tölz und Oberammergau, kleidete sich unerkannt in einem Koblenzer Kaufhaus ein, nachdem sein Barvermögen durch einige Einbrüche auf zwischenzeitlich über 6.000 Mark gestiegen war. Seine »Jäger« durchstreiften derweil Wald für Wald. Erst nach einem Einbruch in Bad Tölz konnte die Osnabrücker Sonderkommission wieder die Spur des Serieneinbrechers aufnehmen. Mit allerlei Tricks versuchte die Polizei nun, Fabeyer aus seinen Verstecken in den Voralpen zu locken. Doch der wich, als Tourist getarnt, nach Österreich aus und machte auch schon mal einen Abstecher nach Jugoslawien. Erst als Fabeyer dachte, über ihn und seine Taten sei Gras gewachsen und er sei nunmehr sicher, traute er sich wieder nach Bayern und schließlich auch nach Hessen. Nach zahlreichen neuen Einbrüchen in Wochenendhäuser und Jagdhütten am Alpenrand wußten die Fahnder aber von seinem neuerlichen Aufenthalt.

Am 24. Februar 1967 kam für den »Waldmenschen« das Ende. Hunger hatte den »Moormörder«, der eine Nacht vor den Toren der Stadt auf freiem Feld verbracht hatte, in die Kasseler Innenstadt getrieben. Am Tag zuvor hatte er noch einmal einen 400 Mann starken Kessel aus Schutz- und Bereitschaftspolizei, Bundes- und Zollgrenzschutz ausgelöst, nachdem er zuvor in der Nähe von Bad Hersfeld in einer Apotheke ein Medikament gegen seine Magengeschwüre gekauft haben soll und angeblich von der Apothekerin erkannt worden war. Im Erfrischungsraum des Kasseler Kaufhauses orderte er sich, dicht am Ausgang, ein Glas Milch und eine Bockwurst. Eine Hausfrau, die ihm schräg gegenüber saß, erkannte Fabeyer, steuerte vor Nervosität zitternd eine Telefonzelle an und verständigte die Polizei.

Wenige Minuten später war der eineinhalbjährige Spuk vorbei. Fabeyer wurde verhaftet und leistete, nachdem er die Hoffnungslosigkeit seiner Situation erkannt hatte, keinen Widerstand. Der meistgesuchte Mann der Bundesrepublik trug in einem provisorischen Schulterhalfter sein abgesägtes Kleinkaliber-Gewehr, hatte 60

Schuß Munition dabei und ein zu arretierendes Klappmesser. Die Polizisten gaben später zu Protokoll, sie hätten den Eindruck gehabt, daß Bruno Fabeyer einen erleichterten Eindruck gemacht habe und ganz offensichtlich froh darüber gewesen sei, daß endlich die monatelange Flucht ein Ende gehabt hätte.

Fabeyer selbst schilderte die letzten Tage vor seiner Festnahme, in Zusammenhang mit einer massiven Kritik an den »lächerlichen« Fahndungsmethoden der Polizei (»Zeit« 44/67), wie folgt: »So ab Mitte Februar waren sie in Fulda am Herumgurken. Da bin ich nach Kassel gefahren. So ungefähr am 20. war ich morgens noch in einer Kirche und habe gebetet, Herrgott beschütze mich, daß sie mich nicht packen. Dann las ich in einer Zeitung, . . . daß eine Apothekerin in Heringen mich erkannt hätte, als ich Nervogastrol kaufte. Hab' ich vielleicht gelacht! Da war ich nie gewesen . . . Am 24. dachte ich: Frühstückst du noch eben, und dann mußt du mal wieder die Platte putzen. Mit dem nächsten Zug wäre ich ins Sauer-land gefahren. Sitz ich da und kau so für mich hin, guck mich doch eine Frau an. Ich denke: Quatsch, die schlafen doch alle noch. Siehste, und das war mein Fehler. Zack, zack, waren zwei Bullen da.

— Aus der Traum, Bruno.«

Bruno Fabeyer war kein vorsätzlich bösartiger Mensch, trotz sei-ner eklatanten Verbrechen, deretwegen er sich im November 1967 an Händen und Füßen gefesselt vor dem Schwurgericht Osnabrück zu verantworten hatte und nach wenigen Tagen zu lebenslangem Zuchthaus verurteilt wurde: Mord, versuchter Mord, räuberischer Diebstahl (rund 400 Einbrüche, aber nur wenige kamen zur Spra-che) und Waffenbesitz. Der arbeitslose Mann war eher einfachen Gemüts, ein sein Leben lang benachteiligter, gejagter Mensch, der eigentlich nie eine wirkliche Chance bekommen hatte.

1926 in Osnabrück geboren, wuchs der kleine Bruno in ein fol-genschweres Milieu hinein: Die Eltern waren geschieden. Der Vater, ein mehrfach vorbestrafter Trinker und Syphilitiker erhängte sich im Zuchthaus, als der Junge acht Jahre alt war. Die Mutter krän-kelte, der zwei Jahre ältere Bruder wurde bereits mit neun Jahren Fürsorgezögling. In der Schule wurde Bruno stets gehänselt. Er

36

stotterte schwer, seit er als Vierjähriger eine lebensgefährliche Rauchvergiftung erlebt hatte. Er blieb in der Schule sitzen und war für viele Lehrer, obwohl keineswegs dumm, der dumme Stotterer. Hilfsschule. Bruno zwölf, der Bruder vierzehn: Die Brüder rissen nach Hamburg aus und wollten auf ein Schiff. Endstation Davidswache, Fürsorge, Schikane, Prügel, »nichts wie weg . . . .« – und wieder Fürsorge, Schikane, Prügel. Ausreißen, Stehlen, eine Lehre bei einem Schlachtermeister, Abbruch. Sein Bruder wurde 1942 als Deserteur erschossen. Bruno wurde ebenfalls eingezogen, aber floh schutzsuchend zur Mutter, wurde zurückgebracht, floh wieder und wieder: Viereinhalb Jahre Zuchthaus, dann Einlieferung ins KZ Buchenwald, bis zur Befreiung 1945 durch die Amerikaner. Aber der Stotterer blieb ein »Ausgestoßener«, ein Einzelgänger – und seine geliebte Mutter wurde immer kränker.

Bruno begann zu stehlen, in erster Linie Lebensmittel. Gelegenheitsarbeiten, arbeitslos, Streichung der Arbeitslosenunterstützung, Stehlen. Nun wurde das Einbrechen und Stehlen zur Hauptsache im Leben Bruno Fabeyers. Im Mai 1948 brach er in die Räucherkammer eines Bauern ein und erhielt mit vier Monaten Gefängnis seine erste Strafe. 1949 dann zehn Monate Gefängnis, im April 1952 drei Jahre Zuchthaus, 1956 Verhaftung, 1957 sechs Jahre Zuchthaus mit anschließender Sicherungsverwahrung. Wohlgemerkt: immer wegen Stehlens, niemals wegen einer Gewalttat. Und ein Schlüssel im Leben Bruno Fabeyers war der Tod der Mutter 1962.

Der »Rheinische Merkur« schrieb am 24. November 1967: »Die letzte Steigerung im kriminellen Verhalten Fabeyers, die Entwicklung hin zum Gewaltverbrecher, vollzog sich im Zuchthaus Celle. Während er dort nach verbüßter Strafe in Sicherungsverwahrung saß, starb 1962 seine Mutter, der einzige Mensch also, der ihm noch etwas bedeutete und der auch stets für ihn dagewesen war, was immer auch vorgefallen sein mochte. Die Liebe zwischen Mutter und Sohn war durch nichts zu zerstören gewesen. Fabeyers Antrag auf eine kurzfristige Beurlaubung, um der Beerdigung seiner Mutter beiwohnen zu können, wurde jedoch abgelehnt. Was in ihm daraufhin vor sich ging, kann man nur ahnen. Aber noch fünf Jahre später, Ende voriger Woche, als er vor Gericht stotternd darüber berichtete, schlug die Erregung durch, stand der nackte Haß in seinem Gesicht, den er nach wie vor gegenüber einer Gesellschaft empfindet, die ihm nicht gestattet, seine Mutter auf ihrem letzten Gang zu begleiten . . . «.

ELMAR SCHÄRMER ALIAS »DR. HERZOG«

Vom Heiratsschwindler zum Doppelmörder

Anzeige in der »Süddeutschen Zeitung« vom 23. Juni 1979, Rubrik Heiratsannoncen: »Arzt, verw., 41 J., 184, dunkel, 79 kg, mit besteingeführter Privatklinik, herrlichem Besitz in Nizza, anhanglos, sucht adäquate Partnerin zur baldigen Ehe. Vermögen aus Paritätsgründen erwünscht.«

Ein halbes Dutzend Frauen antwortete auf die Anzeige unter der Chiffre »AS 8653494«. Der anonoyme, scheinbar wohlhabende Arzt meldete sich bei den Damen als »Dr. Herzog«, plauderte angeregt über die Augenklinik seines Vaters, über ein neues Klinikprojekt in Bad Homburg, über eine mögliche gemeinsame Zukunft in Harmonie und Wohlstand. Auch die attraktive, 41jährige Karin Schubert-König, geschieden und gut betucht, klingelte bei »Dr. Herzog« an, vereinbarte für den 6. Juli einen Termin in ihrer luxuriösen Villa im Münchner Nobelvorort Grünwald. Tags darauf wollte sie mit ihrer Mutter nach Italien verreisen. Sonnhilde Wienold (35), lebenslustig und auch geschieden, hatte es ebenfalls auf »Dr. Herzog« abgesehen und dabei den Traum vom reichen Luxus-Mann und High Society geträumt. Wenige Stunden später waren beide Frauen tot, aufs Grausamste ermordet.

Die Kripo fand heraus: Für die Abendstunden des 6. Juli hatte sich in der 16-Zimmer-Villa der Münchner Unternehmerin Karin Schubert-König ein »Dr. Herzog« angekündigt. Er hatte einen Blumenstrauß aus jeweils drei roten und drei rosa Rosen, vier Iris und Schleierkraut bei sich. Es wurde Alkohol getrunken, Tabletten waren im Spiel. Wenig später war die Millionärin tot, erstickt, erwürgt, vergiftet. Die Mutter fand ihre Tochter am nächsten Tag

39

auf dem Bett, aufgebahrt und nackt. 217.000 Lire für die Italien-
fahrt und eine Kroko-Geldbörse fehlten.

Am 5. Juli hatte sich die sympathische Sekretärin Sonnhilde
Wienold von ihrem Arbeitsplatz in einer Münchner Anwaltskanzlei
mit der Bemerkung, sie hätte noch eine dringende Verabredung,
von ihren Kolleginnen verabschiedet. Auch sie hatte ein Rendevouz
mit »Dr. Herzog«. Drei Tage später fanden spielende Kinder die
Sekretärin in einem verlassenen Exerzitienhaus in Berg am Starnberger See: nackt, erwürgt, durch Messerstiche im Gesicht grauen-
haft verstümmelt. Bei der Durchsuchung der Toten stieß die Polizei
auf einen entscheidenden Hinweis: Auf dem Rand einer Tageszeitung stand handgeschrieben die Notiz »Dr. Herzog, Karl Theodor«
und eine Telefonnummer. Die Ziffern gehörten zu einem Appartement im Münchner Arabellahaus.

Dort fand die Polizei einen wertvollen Nerzmantel, den die
Ermordete zuvor von Bekannten aus dem Urlaub auf Mallorca mitgebracht hatte, um ihn aufzubewahren. Die Kripo entdeckte neben
zahlreichen Werkzeugen für sadistische Sexspiele, Peitschen, Ket-
ten, auch die Kroko-Geldbörse von Frau Schubert-König. Die Mieterin des Appartements: Die geschiedene Sekretärin Helmtrud Gill,
die dort mit dem in der Bundesrepublik nicht gemeldeten Österrei-
cher Elmar Schärmer lebte. Schärmer war als Heiratsschwindler
und Vergewaltiger gerichtsnotorisch und einschlägig bekannt.
Schnell stellte sich heraus, daß er seine diversen Heiratsanzeigen
unter den Namen »Dr. Rehm« und »Dr. Herzog« aufgegeben hatte.
Als dann eine Serie gefälschter Euroschecks das Konto von Sonnhilde Wienhold belasteten, war klar, die konnten nur vom Mörder
eingelöst worden sein.

In der Nacht zum 13. Juli wurden Elmar Schärmer und seine
Geliebte in einem silbergrauen BMW 502 in Stuttgart verhaftet.

Für die Boulevardpresse stand unumstößlich fest: Die Polizei
hatte einen perversen, sadistischen, sexbesessenen Mann verhaftet,
einen »krankhaften Triebtäter«, der sich bereits 1978 wegen der
sadistisch-brutalen Vergewaltigung einer jungen Kellnerin in
Innsbruck hatte verantworten müssen, dessen Verfahren aber aus-

40

gesetzt worden war, eine verhängnisvolle Kettung tragischer Ereignisse, wie sich zeigen sollte. Das Geschäft mit dem mordverdächtigen Elmar Schärmer blühte, als den findigen Journalisten Material aus früheren Verfahren gegen Schärmer in die Hände fiel. Die Auflagen der Zeitungen und Illustrierten stiegen, die Sensationsblätter wurden den Verkäufern aus den Händen gerissen. Für »Bild« wurde Heiratsschwindler »Dr. Herzog«, der sich an Frauen auch unter den Namen »Dr. Kaulbach« und »Clemens von Fürstenried« herangemacht hatte, schnell zu »Dr. Mord«. Da wurde der »Lüstling Schärmer« zitiert, der es mit seinen Geliebten locker acht- bis zehnmal am Tag getrieben hatte, dabei allerhand »Lustwerkzeuge« benutzte, Gruppensex bevorzugte und gerne grausam wurde. Er schwärmte vom »Superorgasmus« und mit ihm »Bild« und Co. Es verstand sich für die Trivial-Kriminologen der Boulevard- und Bilderblätter von selbst, daß da der sexistische Heiratsschwindler geradezu zwangsläufig zum sadistischen Frauenmörder werden mußte. Die voyeuristische und hechelnde Öffentlichkeit konnte scheinbar nicht genug über »Dr. Mord« erfahren, von diesem zudem noch optisch eher smart wirkenden, stets im blauen Zwirn auftretenden Elmar Schärmer alias »Dr. Herzog«.

Obwohl der Fall eigentlich unzweideutig und die Indizienlage erdrückend schien, kam dieser aufsehenerregende Kriminalfall erst im Mai 1981 vor dem Schwurgericht München I zur Hauptverhandlung. Elmar Schärmer wurde beschuldigt, die Millionärin Karin Schubert-König erdrosselt und die Sekretärin Sonnhilde Wienold erwürgt zu haben, die Anklage lautete auf zweifachen Mord. Seine Geliebte Helmtrud Gill, die ursprünglich verdächtigt worden war, an den Verbrechen unmittelbar beteiligt gewesen zu sein, mußte sich nur noch wegen Hehlerei, Urkundenfälschung und Betrugs verantworten. Fast 120 Zeugen wurden in dem vier Wochen dauernden Prozeß gehört, ein gutes Dutzend Sachverständige legten ihre Gutachten zum Geistes- und Gesundheitszustand Schärmers vor.

Die Beweislage gegen »Dr. Herzog« war trotz ständigen Leugnens der Taten eindeutig und belastend. Für das Gericht stand fest, daß Schärmer zur Befriedigung seines Geschlechtstriebes und aus

Habgier gehandelt hatte, daß er, trotz seiner perversen Vorstellungen von einem sogenannten »Superorgasmus«, den Frauen in seinen Phantasien kurz vor dem Würgetod erleben sollten, voll zurechnungsfähig gewesen sei. Die Gutachter hatten den in mehreren Ehen und im Geschäftsleben gescheiterten Hotelkaufmann und den auch schon in der Bundesrepublik mehrfach wegen Betrugs, Amtsanmaßung und Unterschlagung vorbestraften Heiratsschwindler als einen neurotischen Charakter dargestellt, geltungsbedürftig mit einer verformten Psyche, unreif, infantil, pubertär, hysterisch und voller Kastrationsängste, als einen Menschen, der gerne zerstört, ausgestattet mit einem starken Sexualtrieb, ansonsten aber geistig völlig normal, also auch voll schuldfähig. Nach den Gutachten der Sachverständigen konnte Schärmer trotz erwiesener »seelischer Abartigkeiten« und »psychopathischer Verwahrlosung« von subjektiver Schuld für seine Verbrechen nicht freigesprochen werden. Schon im Juni 1979 hatte ein Gutachter Schärmer nach seiner Vergewaltigung der Innsbrucker Serviererin, die er unter anderem mit vorgehaltener Schußwaffe zu perversen Handlungen gezwungen hatte, einen »Lehrbuchfall von Sadomasochismus« genannt, einen Triebtäter gefährlichsten Grades, dessen Schuldfähigkeit aber keineswegs schwerwiegend beeinträchtigt sei.

Am 3. Juni 1981 fiel der vorläufig letzte Vorhang dieses Mordprozesses, aber nicht ohne eine erneute große Schau des mordenden Sexprotzes. Hunderte Schaulustige drängten sich im überfüllten Gerichtssaal und konnten auch vor dem Justizgebäude nur durch Absperrgitter zurückgehalten werden. Alle wollten einen Blick auf den sexbesessenen Frauenmörder werfen. In Siegerpose, strahlend, das V-Zeichen reckend, stellte sich Schärmer mehreren Dutzend Fotografen. Schon am Nachmittag sollten sich die Fotografen – so verkündete »Dr. Herzog« – mit ihm im Münchner Biergarten »Aumeister« auf eine Maß Bier treffen, denn »was anderes als ein Freispruch ist undenkbar«.

Dann das Urteil: Lebenslänglich wegen zweifachen Mordes. »Er hat in beiden Fällen vorsätzlich getötet zur Befriedigung des Geschlechtstriebs und aus Habgier«, begründete der Richter. Und

Elmar Schärmer führte sich wieder so auf, wie es sein von der Presse angestacheltes Publikum erwartete: »Spitzel«, rief er dem Richter entgegen, »Bravo!«. Er beschimpfte das Gericht, kommentierte die Urteilsbegründung, die noch einmal die Morde Revue passieren ließ, die sexuelle Befriedigung bei gleichzeitiger Tötung der Opfer, stieß Drohungen aus, spuckte erregt vor dem Richtertisch aus und rief, kurz bevor er endgültig abgeführt wurde, zur Zuschauertribüne: »Für die Frauen, die mir schreiben wollen: Elmar Schärmer, Stadelheim – das genügt.«

Seine Geliebte Helmtrud Gill, die nach Meinung des Gerichts alle Sexspiele Schärmers begeistert mitgemacht oder zumindest toleriert hatte, ob es sich nun um Gruppensex, Schwarze Messen oder Perversitäten mit Folterwerkzeugen gehandelt hatte, wurde zu einem Jahr Gefängnis auf Bewährung verurteilt. Obwohl vieles dafür sprach, daß die Geliebte des Doppelmörders, die ihm hörig schien, über die Greueltaten im Bilde war, denn immerhin hatte sie den Nerzmantel der ermordeten Sonnhilde Wienhold angenommen und deren Euroschecks in betrügerischer Handlung unterschrieben und eingelöst, kam das Gericht zu dem vergleichsweise harmlosen Urteil. Der Richter: »Was immer sie gewußt haben mag, steht hier nicht zur Debatte. Wenn sie mehr gewußt hat, ist sie zu bedauern, weil sie Schärmer ausgeliefert ist.«

Ganz offensichtlich setzte das Gericht auf Zeit. »Hat er tatsächlich die Schicksalsfäden seiner Exfreundin noch in der Hand, die ihm gestern sogar demonstrativ einen Blick verweigerte?«, fragte die »Welt« einen Tag nach der Urteilsverkündung. Ursprünglich hatte Frau Gill ihren Geliebten schwer belastet, dann aber die Aussage widerrufen, schließlich wieder demonstrativ zu ihm gehalten und dann während des ganzen Prozesses beharrlich geschwiegen. Doch die »Welt« sollte recht behalten und der Fall noch lange nicht zu Ende sein.

Nachdem der 1. Strafsenat des Bundesgerichtshofes (BGH) bestätigt hatte, daß Schärmer der Morde überführt und somit der Täter sei, wurde das erstinstanzliche Urteil dennoch aufgehoben. Die Richter mochten nicht mehr ausschließen, daß »Dr. Herzog«,

43

der ständig mit seiner Potenz protzte und immer wieder vom angeblichen »Superorgasmus« schwärmte, den gewürgte Frauen kurz vor dem Eintritt des Todes hätten, möglicherweise bei seinen Taten doch vermindert zurechnungsfähig, also nicht voll schuldfähig gewesen sein soll.

Auch im Revisionsprozeß im Februar 1983 verurteilte das Gericht Schärmer zu lebenslanger Freiheitsstrafe und bestätigte das erste Urteil in allen Punkten. Danach war Schärmer, trotz »schwerer seelischer Abartigkeiten« und brutaler sadistischer Sexualpraktiken kein krankhaft sadistischer Triebtäter, sondern jemand, der einen hypersexuellen Betätigungsdrang hatte, der bewußt zu perversen Verhaltensweisen und sadistischen Variationen führte. Die »überaus geltungsbedürftige, sich weit überschätzende Persönlichkeit« (so der Richter) des Täters habe auch zu der abnormen Sexualentwicklung geführt. Ein Gutachter im Revisionsprozeß: »Er ist in egozentrischer Weise bemüht, Bedürfnisse durch möglichst intensives Erleben zu befriedigen. Auf sexuellem Gebiet glaubt er das auch mit sadistischen Praktiken zu erreichen.« Im Oktober 1983 verwarf der BGH die Revision Schärmers gegen die zum zweitenmal verhängte lebenslange Freiheitsstrafe. Das Urteil gegen den Doppelmörder Elmar Schärmer alias »Dr. Herzog« war damit rechtskräftig. Und wieder hatte Schärmer ins Publikum gerufen: »Leute, wir sehen uns wieder.«

Anfang 1986 gestand Schärmer überraschend die Morde an Karin Schubert-König und Sonnhilde Wienold. Nicht genug: Er bezichtigte sich weiterer Frauenmorde, für Staatsanwaltschaft und Kripo allerdings nichts als Aufschneidereiversuche und »Lügenmärchen« des geltungssüchtigen Doppelmörders, der im niederbayerischen Straubing einsaß. Der Knüller aber war die Beschuldigung Helmtrud Gills, die laut Schärmer an allen Morden beteiligt gewesen sein sollte und die er aus Liebe geschont hätte. Nun aber, da Frau Gill sich von ihrem Liebhaber abgewandt hatte, packte »Dr. Herzog« aus. Helmtrud Gill wurde verhaftet und Anfang 1987 vor Gericht gestellt. Im Zeugenstand: Elmar Schärmer. Und wieder

44

konnte er seine makabre Schau abziehen, wieder stürzte sich die Presse auf den sadistischen Mörder.

Er beschrieb in allen Einzelheiten das »Würgen zur Luststeigerung«, das er auch schon öfters mit Frau Gill ausprobiert haben wollte. Wenn es dabei zum außerplanmäßigen Exitus gekommen war – so Schärmer – holte er die Frau mittels eines Herzpräparats, das er ihr in den Herzmuskel injizierte, wieder ins Lebens zurück. So jedenfalls lautete Schärmers Version, als er versicherte, daß die Morde von Grünwald und Berg nichts als »Betriebsunfälle« gewesen seien auf dem Wege zum »Superorgasmus«. »Es war ein reiner Betriebsunfall. Wir hatten nicht die Absicht, die beiden Frauen zu töten. Die Frau hatte nichts dagegen einzuwenden, und so haben Frau Gill und ich ihren Hals zugedrückt und uns dabei befriedigt.«

Helmtrud Gill wurde wegen »psychischer Beihilfe« zum Mord an Karin Schubert-König zu acht Jahren Gefängnis verurteilt. Sie soll Schärmer aufgefordert haben: »Keine Belastungszeugen!« Im Fall Sonnhilde Wienand wurde Helmtrud Gill freigesprochen. Für viele Beobachter war das ein unverständliches Urteil, da der Staatsanwalt – wie auch bei »Dr. Herzog« persönlich – zweimal lebenslänglich beantragt hatte.

45

GEBT DEN JUNGEN FREI!

Der »Fall Timo Rinnelt«

Selten hat ein Kriminalfall die Bevölkerung der Bundesrepublik so erregt wie der Fall des siebenjährigen Timo Rinnelt. Monatelang diskutierten Millionen Menschen das Schicksal des kleinen Timo, seit der Junge am 13. Februar 1964, am hellichten Tag, mitten in Wiesbaden, vom Spielen nicht mehr in sein Elternhaus zurückgekehrt war. Erst drei Jahre später konnte das spektakuläre Verbrechen aufgeklärt werden. »Zwischen Hoffnung und Resignation war Timo Rinnelt in diesen drei Jahren fast zum Allgemeingut geworden, zum verschwundenen Sohn ungezählter Mütter und Väter«, schrieb die »Zeit« am 1. September 1967.

»Gebt ihn heraus!«, schrie die aufgebrachte Menge vor dem Wiesbadener Polizeipräsidium, die über Monate hinweg von der Boulevardpresse minutiös rund um den Fall Rinnelt ins Bild gesetzt worden war. »Gebt ihn heraus den Mörder«, skandierten sie vor der Polizei, »nur für fünf Minuten«. Der hochgepeitschten Horde gelüstete nach Lynchjustiz an Klaus Lehnert, dem Entführer und Mörder des kleinen Timo. »Rübe runter!« hallte es an den Stammtischen in Wiesbaden und im ganzen Land. Und der Polizei trauten die Bürger nach unzähligen Ermittlungspannen ohnehin nicht mehr über den Weg.

Es geschah rund um Wiesbadens Nobel-Boulevard Wilhelmstraße. Von hier stammten Opfer und Täter, hier wohnten die wohlsituierten Familien beider Seiten, hier wurden die Erpresserbriefe geschrieben und hinterlegt, hier lag drei Jahre lang der erdrosselte Timo verscharrt in einem Keller.

Tatort Wilhelmstraße: Draußen auf der Flaniermeile begann es bereits zu dämmern, die Menschen tätigten noch hektische Einkäufe, und Timo war immer noch nicht daheim. Der Antiquitäten-

46

händler Joachim Rinnelt und seine Frau Carmen aus der Wilhelmstraße 17 wurden zusehends nervöser. Gegen 19 Uhr verständigten sie die Polizei, später ein zweiter Anruf, mit der Bitte, doch endlich etwas zu unternehmen. Aus einer anfänglich eher zögerlichen Suchaktion wurde die spektakulärste Fahndungsaktion in der Nachkriegsgeschichte der bundesdeutschen Polizei. Denn ein Verbrechen war nun nicht mehr auszuschließen.

Gewißheit wenige Tage später, als die verzweifelten Eltern einen Brief erhielten. Der Inhalt: ein Schlüssel passend zum Schließfach 320 des Frankfurter Hauptbahnhofes. Dort fand Joachim Rinnelt einen Schuh seines Sohnes und die Aufforderung 15.000 Mark zu zahlen. Dann telefonierte der Entführer mehrmals mit der Mutter, hetzte den Vater von Telefonzelle zu Telefonzelle durch die Wiesbadener Innenstadt mit immer neuen Hinweisen und hinterlegte mit fast erbarmungsloser Kaltschnäuzigkeit einen Erpresserbrief auf der Kellertreppe des Hauses Wilhelmstraße 17, obwohl das Anwesen von der Polizei rund um die Uhr bewacht wurde. Aber der kleine Timo blieb verschwunden, während die Polizei hektisch ermittelte und sich dem immer größer werdenden Druck einer aufgebrachten Bevölkerung ausgesetzt sah. Der Entführer mußte sich in Nr. 17 auskennen, soviel schien klar. Doch dann ließ auch der vermeintliche Erpresser nichts mehr von sich hören, wenngleich Dutzende von Trittbrettfahrern jetzt ihrerseits durch anonyme Erpressungen das große Geld zu machen versuchten.

Über 570 meist heißen Spuren ging die Kripo nach, ohne Erfolg. Das Lösegeld wurde für damalige Zeiten mit 65.000 Mark in nicht gekannte Höhen geschraubt. Sogar eine lebensgroße Puppe des gekidnappten Timo wurde im Schaufenster eines Wiesbadener Kaufhauses ausgestellt, um die Bevölkerung zur Mithilfe zu animieren. Ein anderes Mal wurde ein Parksee ausgepumpt, als es hieß, der Junge sei in der Nähe des Wassers gesehen worden. Fehlanzeige.

Die Polizei vernahm im Zuge ihrer Ermittlungen auch den 23jährigen Arztsohn Klaus Lehnert, wohnhaft im Hause der Rinnelts, Sportwagenfahrer, ohne festen Job, Geldnöte, ein Typ mit »Playboy-Manieren«, der rund um die Wilhelmstraße kein Unbe-

47

kannter war. Schließlich war Klaus Lehnerts Vater ein in Wiesbaden geachteter Arzt, der bis zu seinem Tod 1960 in der Wilhelmstraße 58 seine Praxis unterhielt. Aber die Polizei fragte Klaus Lehnert nicht nach dessen Alibi, bemühte keinen Graphologen zum Handschriftenvergleich mit den Erpresserbriefen, wurde selbst da nicht stutzig, als ein aus Mannheim kommender anonymer Anruf die Aufforderung enthielt, sich doch einmal den Keller in der Wilhelmstraße genauer anzusehen. Im Gegenteil: Klaus Lehnert schien das hektische Treiben rund um die Wilhelmstraße 17 nicht weiter anzufechten, er gab — gegen Bares — als Hausbewohner und Bekannter der Familie Rinnelt Auskünfte an nach Nachrichten und Internas hechelnde Journalisten, mal in diese, mal in jene Richtung.

Die Bevölkerung war aufgebracht, die Polizei verzweifelt. »Versager« war das meist gebrauchte Wort in Wiesbaden. So war es der Kripo gar nicht so unlieb, als nach Monaten vorsichtig Gras über die Sache wuchs, die Menschen wieder anderen Themen anhingen und die Rinnelts mit ihrem Schmerz und der vagen Hoffnung auf ein plötzliches Auftauchen ihres kleinen Timo alleine blieben.

April 1967: Völlig überraschend nahm der Entführer Timo Rinnelts Kontakt mit der Illustrierten »Quick« auf. Für 15.000 Mark versprach er dem Blatt Informationen über den Fall Rinnelt, eine »neue, spannende Timo-Story«. Der Beweis für die Echtheit des Angebots: der Strumpf des Timo Rinnelt, den die Kripo als den einer Leiche entnommenen identifizierte. Jetzt wurde das Schreckliche Gewißheit, war das letzte Fünkchen Hoffnung dahin: Timo Rinnelt war tot.

Die »Quick«-Redakteure gingen zum Schein auf das Angebot ein, verständigten die Polizei. Ende Mai wurde Klaus Lehnert verhaftet. Die 573. Spur hatte schließlich zum Täter geführt. Nach anfänglichem Leugnen gestand der junge Mann die Tat. Noch am Abend der Entführung hatte Klaus Lehnert den kleinen Timo erdrosselt und im Keller des Anwesens Wilhelmstraße 58 unter Bauschutt verscharrt. Am Eingang des Kellers hing immer noch das Schild des früheren Besitzers: Dr. Lehnert.

Das Verbrechen wäre wohl nie aufgeklärt worden, hätte Klaus

Lehnert nicht die Panik befallen, als er in der Wiesbadener Zeitung den Bericht über eine Tagung des Bundeskriminalamtes las. Wissenschaftler hatten darin erklärt, sie seien nach einem neuen Verfahren nunmehr in der Lage, Täter durch Stimmenvergleiche genauso sicher zu identifizieren wie durch Fingerabdrücke. Nachdem die Kripo mitgeteilt hatte, auf der Basis dieses neuen Wissensstandes würde auch ein mitgeschnittener Erpresseranruf im Falle Timo Rinnelt überprüft und verglichen, verlor Lehnert die Nerven. Er beschloß ins Ausland zu flüchten, doch dazu mußte Geld her. Und Journalisten waren immer scharf auf Informationen. Abgebrüht kehrte der Täter an den Tatort zurück, um den Illustrierten-Leuten ein Beweisstück mitzuliefern. Klaus Lehnert grub den toten Timo aus und zog der verwesenden Leiche den Strumpf vom Fuß. Der Fall Timo Rinnelt und die Stadt Wiesbaden waren wieder in den Schlagzeilen, landauf, landab Tagesgespräch.

Im Sommer 1968 wurde dann vor einer gierigen, nach Rache lechzenden Öffentlichkeit noch einmal das ganze Drama aufgerollt. Der Prozeß gegen den Wiesbadener Arztsohn Klaus Lehnert, angeklagt wegen Mordes, Kindesentführung und Erpressung, ließ Fragen offen. Lehnert gestand die Tat, behauptete aber – und bei dieser Aussage blieb er während des gesamten Prozesses und danach – sich nicht erinnern zu können, was im Einzelfall an diesem Abend des 13. Februar 1963 geschehen war, nachdem er den kleinen Timo, der ihn mochte und ihm vertraute, aufgefordert hatte, mit ihm in den Keller des Hauses Nummer 58 zu gehen. Die Obduktion der Leiche stellte klar, daß Timo Rinnelt zuerst niedergeschlagen und anschließend mit einem Elektrokabel erdrosselt worden war, das ihm, als seine Leiche entdeckt worden war, noch um den Hals hing.

Zahlreiche Gutachter traten auf den Plan, gingen den Fragen nach, ob der Junge womöglich durch einen Unglücksfall gestorben sein könnte, der Klaus Lehnert in Panik hatte verfallen lassen. Ein Sexualverbrechen schied aus, der Geisteszustand des vermeintlichen Mörders wurde als normal beschrieben. Was war es, das den jungen Mann aus gutem Haus zu diesem Verbrechen veranlaßt hatte? Ein Prozeß voller Fragen.

49

So wurde die Lebensgeschichte des nunmehr 27jährigen Klaus Lehnert lückenlos aufgerollt. Ein Schlüsselerlebnis mag da ein Vorfall aus dem Jahre 1954 gewesen sein. Der bis dahin mit seinen drei Brüdern glücklich und geborgen aufgewachsene Junge wäre im Wiesbadener Hallenbad beinahe ertrunken, hätte ihn nicht der Mann gerettet, der Jahre später zu seinem Stiefvater wurde. Zwischen Timos Lebensretter, wohnhaft in der Wilhelmstraße 17, und der Familie Lehnert entwickelte sich aus Dankbarkeit über die Rettung des Sohnes eine tiefe Freundschaft — und mehr. Als Dr. Lehnert starb, heiratete die über 30 Jahre jüngere Mutter von Klaus den Retter, eine Situation, mit der der Junge nicht zurecht kam. Er hatte seinen Vater abgöttisch geliebt und immer wieder dem Verhältnis seiner Mutter mit dem Lebensretter die Schuld am Tode seines Vaters gegeben.

Klaus verließ schließlich Anfang 1964 das Haus seiner Mutter und des Stiefvaters und zog zur Mutter des Stiefvaters, zu seiner neuen Großmutter also, die zwischenzeitlich die Wohnung in Haus Nummer 17 bezogen hatte. Von nun an wohnte Klaus Lehnert mit der Familie Rinnelt unter einem Dach — und der kleine Timo trat in das Blickfeld seines späteren Mörders. Timo hatte nur noch einen Monat zu leben.

Das Wiesbadener Schwurgericht verurteilte Klaus Lehnert zu lebenslangem Zuchthaus. Die Richter kamen zu dem Schluß, Lehnert hätte den kleinen Timo heimtückisch ermordet. Doch der Fall Timo Rinnelt wirft bis heute viele Fragezeichen auf. Dem Publikum drinnen im Gerichtssaal und den Hunderten auf der Straße vor dem Gericht kam das »lebenslang« gerade recht. Sie applaudierten und riefen »Bravo«, die Menge hatte ihr Opfer, den kleinen Timo gerächt.

50

DER MORD AN ROSEMARIE NITRIBITT

Kapitalverbrechen und Skandal

Schon seit Tagen hatte die Klientel in der Frankfurter Kaiserstraße den Mercedes 190 SL vermißt, mit dem die hübsche, blonde Rosemarie Nitribitt sich so gerne zeigte und nebst weißem Pudel genüßlich durch das Frankfurter Vergnügungsviertel rollte. Der Putzfrau des attraktiven Callgirls war aufgefallen, daß sich vor der Tür im vierten Stock der Stiftstraße 36 die Brötchen und die Milchtüten häuften. Der Telefonanschluß unter der Nummer 26830 blieb stumm. Die einzige Reaktion auf das Klingeln an der Wohnungstür war das Winseln des weißen Zwergpudels »Showing«. Auch die Nachbarn hatten das 24jährige »Mannequin« seit drei Tagen nicht gesehen, ungewöhnlich für die Schönheit mit dem regen und umtriebigen Lebenswandel. Am Freitag, den 1. November 1957 verständigte die Zugehfrau die Polizei, ein Schlosser brach die Tür zum Luxus-Appartement auf, das Hündchen sprang den Beamten entgegen. Im eleganten Wohnzimmer fanden sie Frauchen, tot, ermordet. Rosemarie Nitribitt lag auf dem Teppich vor dem Sofa, einen Fuß noch auf der Couch, die Hand ausgestreckt nach dem Telefonhörer. Eine Spur geronnenen Blutes deutete auf eine Wunde am Kopf, die Edel-Prostituierte Rosemarie Nitribitt war von ihrem Mörder erwürgt worden. Die junge Bundesrepublik hatte ihren bis dahin sensationellsten Kriminalfall, und eine der aufsehenerregendsten Affären kam ins Rollen und beschäftigte für Monate die deutsche und internationale Öffentlichkeit.

Denn Rosemarie Nitribitt war nicht irgendeine Prostituierte, sondern ein Star innerhalb des horizontalen Gewerbes, mit einer einschlägigen und hochkarätigen Klientel. Zu ihrem Kundenkreis gehörten prominente Wirtschaftsführer und Industrielle ebenso wie einflußreiche Politiker. So wurde von Beginn der Ermittlungen an

51

mit nur allen erdenklichen Tricks versucht, das Tagebuch der Ermordeten, von dem als sicher gilt, daß es ein solches gab, unter Verschluß zu halten. Hunderte Spuren wurden verfolgt, die Kundschaft vorgeladen, aber Beobachter konnten sich des Eindrucks nicht erwehren, daß Staatsanwaltschaft und Kriminalpolizei nur ein gedämpftes Interesse an einer zügigen und wahrheitsgemäßen Aufklärung des Falles hatten, galt es doch als wahrscheinlich, daß der Mörder der Nitribit unter der prominenten Kundschaft zu suchen war und daher mit aller Gewalt eine Enthüllung verhindert werden sollte.

Von Erpressung und Spionage war die Rede in den Schlagzeilen der Sensationspresse, von internationalen Agentenringen, geheimen Fotoaufnahmen und Tonbandprotokollen. Um den Tod von Rosemarie Nitribit rankten sich innerhalb weniger Tage und Wochen Geschichten und Legenden. Die verklemmte und prüde Sexualmoral der Adenauer-Epoche, gepaart mit der Wirtschaftswunder- und Aufsteigermentalität dieser Jahre, ließen die Phantasien, geheimen Wünsche und Spekulationen über das Opfer, die Edel-Prostituierte mit ihren begehrenswerten Vorzügen, und den möglichen Mörder über Jahre hinweg blühen und wuchern.

Die Film- und Fernsehkritikerin Ponkie schrieb anläßlich einer Fernsehdokumentation zum »Fall Nitribitt« in der »Münchner Abendzeitung« Anfang 1986: »... löste doch das Nuttennotizbuch der Ermordeten weit größere Enthüllungsängste unter der Nobelkundschaft aus als heutzutage das Notizbuch des Herrn von Brauchitsch wg. Spenden.« Und weiter bemerkte Ponkie: »Der Film animierte zu schwärzesten Gedanken. Denn schließlich hatte die Nitribitt als diskrete Betreuerin prominenter Herren ein echtes Berufsethos: Beichtmutter und Seelenputzer für die Aufsichtsräte der Nation – eine Sozialarbeiterin der Chefetage.«

Der Mordfall Nitribitt wurde nie aufgeklärt, noch heute ranken sich um die Tat Spekulationen und Mutmaßungen. Und dabei schätzte sich die Staatsanwaltschaft lange glücklich, der Öffentlichkeit den Mörder präsentieren zu können.

Rosemarie Nitribitt war in Heimen aufgewachsen, lebte in zerrütteten Verhältnissen und hatte eine völlig verkorkste Jugend. 1954 kam sie von Köln nach Frankfurt und »arbeitete« sich schnell hoch zu einem der Stars im Prostituierten-Gewerbe. Sie wurde die »Nutte« der sogenannten guten Gesellschaft. Politiker, Industrielle und prominente Persönlichkeiten aus dem ganzen Bundesgebiet gehörten zur erlauchten Kundschaft. Rosemarie Nitribitt genoß ihren exklusiven Status, führte für alle sichtbar ein mondänes Leben, und war – das schätzte ihre Kundschaft neben ihrem Körper am meisten – verschwiegen wie ein Grab. Absolute Diskretion war Rosemaries oberstes Gebot. Die Nachricht von der Ermordung der Rosemarie Nitribitt schlug deshalb auch in den Chefetagen der Frankfurter Wirtschaft und in den Politiker-Suiten ein wie eine Bombe, gab es doch das Tagebuch der Rosi N.

Die Kriminalisten, Chemiker und Gerichtsmediziner fanden heraus: Rosemarie Nitribitt war am 29. Oktober ermordet worden, so zwischen 15 und 17 Uhr, erwürgt und offensichtlich beraubt, da Rosemarie immer eine Menge Bargeld aufbewahrte, mehrere Tausende, die ihre Freier zahlten und die sie nur zur Bank trug, wenn es sich um eine fünfstellige runde Summe handelte. Der das wissen konnte, wissen mußte, war ihr Bekannter und Vertrauter Heinz Pohlmann. Das sah schließlich auch die Polizei so. Man verhaftete Pohlmann nach einer Reihe von Voruntersuchungen am 5. Februar 1958 und schien sich der Aufklärung des Falles sicher, zumindest gab sich die Kriminalpolizei so nach außen. Alles schien reibungslos und bequem zu laufen. Doch die Kritik an den Kriminalisten wollte nicht mehr verstummen. Von schludriger Tatortaufnahme war die Rede, davon, daß man am Unglücksort sogar vergessen hatte, konsequent nach Fingerabdrücken zu suchen. Die Polizei dementierte vehement.

Dabei war sich die Polizei ganz sicher: Der Mörder der Rosemarie Nitribitt konnte nur aus dem Kreis der »Kunden und Bekannten« kommen. An Hand von Fingerabdrücken wurden zahlreiche Freier ausfindig gemacht, überprüft, diskret verstehet sich, und augenblicklich unbehelligt auf freien Fuß gesetzt. Zahlreiche Besucher der Nitribitt meldeten sich auf einen Aufruf der Frankfurter

53

Polizei hin freiwillig zur Überprüfung. So auch Heinz Pohlmann, der neben der Zugehfrau und einem Freier die Star-Dirne noch am Tag ihrer Ermordung in ihrem Appartement aufgesucht hatte. Der mehrfach vorbestrafte Pohlmann wurde überprüft, in seiner Wohnung aber kein Geld gefunden, und ein größerer Betrag mußte der Toten gestohlen worden sein, darauf deutete vieles hin.

Nach der Verhaftung Pohlmanns schien alles sonnenklar: Pohlmann war mit Rosemarie Nitribitt eng befreundet, er kannte das Geheimnis der Nitribitt'schen Wohnungstür, die sich auch von innen nur mit einem Trick öffnen ließ, er konnte plötzlich große Schulden zurückzahlen, für 10.000 Mark einen Wagen kaufen. Darüber hinaus wollten Zeugen Pohlmann am Mordtag mit großer Geschwindigkeit aus dem Tor des Nitribitt-Hauses fahren gesehen haben, er habe, so andere Zeugen, Kratzwunden an der Lippe gehabt, sei verstört gewesen. Hinzu kam, daß sein Alibi als falsch herausstellte und auf einer von ihm versteckten Hose eine Blutspur entdeckt worden war, die allerdings durch chemische Reinigungsmittel nicht mehr genau bestimmt werden konnte. Pohlmann hatte für nichts der Indizien, die gegen ihn als Mörder sprachen, eine entlastende Begründung. Aber er versicherte immer wieder seine Unschuld, obwohl er niemals leugnete, am Mordtag bei Rosemarie Nitribitt gewesen zu sein.

So sei er, Pohlmann, der wegen Unterschlagungen, Urkundenfälschung und Hochstapelei mehrfach Vorbestrafte, in der Wohnung gewesen, sicher. Rosemarie habe einen Hausanzug getragen und sei ungeschminkt gewesen, kein Schmuck. Schließlich sei auch noch kurz die Putzfrau in der Wohnung erschienen, aber nach einer Auseinandersetzung mit der Hausherrin wieder gegangen. Das Telefon habe häufiger geläutet, aber das war bei Rosemarie nichts außergewöhnliches, anonyme Anrufer, Kundschaft. Ein Anrufer habe seinen Besuch für den Nachmittag angekündigt und sei dann auch in der Wohnung erschienen, während Pohlmann auf Bitten Nitribitts in der Küche Reis gekocht habe. Auf einen Wink Rosemaries hin habe sich Pohlmann dann, noch weit vor 15 Uhr, aus dem Haus geschlichen. Für die Staatsanwaltschaft stand fest: Der letzte Kunde

54

schied als Täter aus, die Putzfrau ebenso, nein, es konnte nur Pohlmann gewesen sein, dessen Alibis alle zusammenbrachen.

Dann geschah die Sensation: Nach 326 Tagen Untersuchungshaft wurde Heinz Pohlmann mangels wirklicher Beweise wieder auf freien Fuß gesetzt. Peinlich für die Staatsanwaltschaft und die Kriminalpolizei, ein Triumph für Pohlmann und seine Anwälte. Die Staatsanwaltschaft hatte den Erklärungen Pohlmanns nichts an Beweisen entgegenzusetzen: Das Geld, so die Pohlmann-Version, stamme aus der Erpressung homosexueller Bekanntschaften, das Blut an der Hose rühre von einer Knieverletzung her, die Kratzer an der Lippe seien durch Schnitte bei der morgendlichen Rasur entstanden, und überhaupt sei sein merkwürdiges Benehmen an diesem 29. November auf eine beginnende Grippe zurückzuführen. Vieles schien aufgrund seiner homosexuellen Neigungen plötzlich für Pohlmann zu sprechen. Er war frei, die Polizei stand wieder am Nullpunkt, und die Öffentlichkeit war sich einig: Der Mörder, der irgendwo in einflußreichen Kreisen aus Politik und Wirtschaft zu suchen war, befand sich weiterhin auf freiem Fuß, und niemand hatte so rechtes Interesse daran, die wahren Hintergründe des heimtückischen Mordes an der Edel-Prostituierten aufzuklären.

Heinz Pohlmann drehte, wieder in Freiheit, so richtig auf. Er verkaufte für eine fünfstellige Summe seine »Nitribitt-Memoiren« an eine Illustrierte, beteiligte sich an der Suche nach dem Mörder, für dessen Ergreifung das Blatt 50.000 Mark ausgesetzt hatte und spielte die Hauptrolle in einem zweiten Nitribitt-Film. Schon lange ging es nicht mehr um das tote Callgirl allein, sondern um die Frage, wie es möglich sein konnte, daß eine Prostituierte in die Chefetagen der Republik gelangen und über die Prostitution zu Wohlstand und »Ansehen« kommen konnte. Die Sozial- und Kulturkritiker hatten Hochkonjunktur. Der Bürgermeir der fünfziger Jahre feierte fröhliche Urständ, der reich gewordene Kleinbürger stand immer entblößter da. Schon die Ankündigung des Regisseurs Rolf Thiele wenige Tage nach dem Mord, das Leben der Nitribitt zu verfilmen, hatte großes Aufsehen erregt, besonders als bekannt geworden war, daß einflußreiche Kreise mit aller Gewalt versucht hatten, das Projekt zu stoppen. Der Film wurde mit Nadja Tiller in der Hauptrolle abgedreht. Der Titel: »Das Mädchen Rosemarie«, ein Buch folgte. So richtig zum Politikum wurde der Film im August 1958, als er, der deutsche Beitrag auf der Biennale in Venedig, vom Auswärtigen Amt hochoffiziell für nicht geeignet ausgegeben wurde, »als offizieller deutscher Beitrag auf der Biennale vorgeführt zu werden«.

Dann wieder eine Sensation: Anfang 1960 erhob die Staatsanwaltschaft doch noch Anklage gegen Pohlmann wegen des Mordes an Rosemarie Nitribitt. Jetzt, so die Staatsanwaltschaft, gebe es keine Zweifel mehr an der Täterschaft des Handelsvertreters, der ohnehin wegen Diebstahls und Unterschlagung schon hinter Gittern gesessen hatte. Alles schien sich jetzt doch noch zu fügen, der Fall vor seiner Aufklärung zu stehen. Aber die Legendenbildung um Rosemarie Nitribitt war nicht mehr aufzuhalten. Als das Frankfurter Schwurgericht nach einem spektakulären Prozeß Heinz Pohlmann dann trotz erheblichen Tatverdachts mangels ausreichender Beweise endgültig freisprechen mußte, war klar, was alle ahnten: Das Verbrechen an Rosemarie Nitribitt sollte unaufgeklärt und ungesühnt bleiben.

Spätere Recherchen, Prozesse und Veröffentlichungen ergaben, was hinter vorgehaltener Hand längst bekannt gewesen war: Heinz Pohlmann hatte für verschiedene »Schweigeverträge« mindestens 50.000 Mark erhalten, gegen einen unbekannten, im Hintergrund operierenden Industriellen aus dem Ruhrgebiet versuchte er vor Gericht gar 200.000 Mark zu erstreiten, die ihm angeblich für das Schweigen über die wahren Hintergründe des Mordes und seines Täters zugestanden hätten. Keine Frage: Interessierte und einflußreiche Kreise aus Politik und Wirtschaft hatten von Anbeginn nichts unversucht gelassen, den Mord zu vertuschen und unaufgeklärt zu lassen. Auch heute noch, über 30 Jahre nach der Tat, ist das Tagebuch, das vieles klären könnte, in »sicherem Versteck«, unauffindbar. Ein Fall voller Rätsel und Fragezeichen, ein Exempel der Doppelmoral einer ganzen Epoche, da etwas ans Licht kam, das nicht sein durfte: Daß sich ein Freudenmädchen aufgrund der

»Betreuung nobler Kundschaft« ein Vermögen von über 120.000 Mark erarbeitete, einen Luxuswagen fuhr, Pelze, Modellkleider und wertvollen Schmuck besaß, also alle Attribute liebte und lebte, denen der reich gewordene Kleinbürger in den fünfziger Jahren stets hinterhergejagt war. Selbst über den Grabstein der Edel-Prostituierten Rosemarie Nitribitt kam es noch zu erheblichen Streitereien, als sie auf dem Düsseldorfer Nordfriedhof beigesetzt wurde: »Nichts Besseres ist darin, denn fröhlich sein im Leben.«

Die »FAZ« schrieb am 17. Januar 1986 anläßlich des Fernseh-films »Die Nitribitt – Ein Mord und viele Täter‹: ›»Nichts Besse-res ist darin, denn fröhlich sein im Leben‹. Der volksgültige Sinn-spruch auf dem Grabstein der Dirne beschwört den Zeit-Kleingeist eindringlicher als jede Dokumentation. Spießiger Bürgersinnlich-keit, leisetreterischer Lust, geilen Freiern auf Kreppsohlen ver-dankte Rosemarie Nitribitt ihre traurige Nachkriegskarriere. Ver-mutlich einer jener Kunden machte ihr schließlich mit bloßen Hän-den ein grausames Ende — und ihre Legende unsterblich. Die Man-nequins der Lust leben und sterben heute anonym und ohne Mitleid.«

THEO ODER KARL?

Die Albrecht-Entführung des Heinz Ollenburg

Hans Nogly beschrieb das Ganovenstück kurz vor Prozeßbeginn in einer launig-spannenden »Stern«-Reportage so: »Die Beteiligten garantieren eine brillante Vorstellung. Es werden auftreten: ein gepeinigter Multimillionär, ein krimineller Rechtsanwalt, ein rührender Ganove, ein hilfreicher Bischof, das Hohe Gericht, die strenge Staatsanwaltschaft. Diverse Geliebte sorgen für Sex.«

Eine brillante Vorstellung wurde der Prozeß im Januar 1973 nicht, wie schon die Tat selbst nicht als brillant bezeichnet werden konnte, wenngleich es sich um den bis dato aufsehenerregendsten Entführungsfall der deutschen Kriminalgeschichte gehandelt und der Prozeß an nahezu allen Verhandlungstagen, dank der Hauptakteure, ein sich amüsierendes Publikum auf die Beine gebracht hatte. Wen wundert es, waren doch die Beteiligten komisch bis dezent schillernd, die Tat nebst Opfer äußerst spektakulär und der Vermittler »zum guten Ausgang« ein hoher Würdenträger – niemand geringeres als der Essener Ruhrbischof Franz Hengsbach.

Der »kriminelle Rechtsanwalt« war der damals 48jährige Heinz-Joachim Ollenburg, schlechter Schüler, vorübergehend Ingenieurschule, Krieg und Gefangenschaft, ein erschlichenens Nachkriegsabitur (»Ich habe mein Abiturzeugnis drucken lassen«), Jurastudium und schließlich Rechtsanwalt in Düsseldorf. Die Anwaltskanzlei lief mehr schlecht als recht, in aller Regel verirrten sich nur die kleinen Ganoven in die Graf-Adolf-Straße 45. Ollenburg, bieder-brav, komplexbeladen, kam als Anwalt auf keinen grünen Zweig – und den hätte er, zumindest finanziell, so dringend nötig gehabt. Schöne Frauen, flotte Autos, wilde Reisen, hohe Schulden zeichneten den »Blender und Mädchenvernascher« mit Hang zur

Großmannssucht aus. Und dieses schreckliche Gefühl, daß es das Schicksal übel mit ihm meine: Krankheiten an Herz, Leber und Galle (ohne Krankenversicherung), wie es der gutachtende Psychiater, bestellt von Verteidiger Rolf Bossi, vortrug, Schicksalsschläge in der Familie nebst einer »ganz miserablen Mutterbindung«, Bruch der Ehe, ein Fall für den Psychosomatiker – die Stoßrichtung der Verteidigung. Und natürlich die chronischen Schulden, das liebe Geld. Heinz-Joachim Ollenburg hatte nur wenige Freunde und einen Hang zu Menschen, die zu ihm aufschauten, wie sein Freund Paul Kron, der »rührende Ganove«, der kleine Kriminelle, von dem Ollenburg zum Richter sagte: »Ich mochte den Herrn Kron ganz gern. Ein netter Mann, wenn er nicht gerade im Gefängnis saß.«

Und »Diamanten-Paule« – so wurde Paul Kron von seinen Spezis genannt, weil er messerscharf einen Diamanten von einer Glasscherbe unterscheiden konnte – dieser kleine Ganove, der den »Part der Knalltüte« übernommen und »bei zahlreichen Einbrüchen als Tolpatsch mitgewirkt« hatte und im Ruhrgebiet amts- und unterweltbekannt war, der immer gefaßt wurde und im Gericht Sympathien einheimste, als er über das harte Los des »Berufseinbrechers heutzutage« klagte, hielt viel vom Düsseldorfer Rechtsanwalt und Akademiker: »Nie hat jemand ein freundliches Wort für mich gehabt. Aber er war freundlich. Das hat gutgetan.« Der 40jährige Kron, frühzeitig Vollweise, vier Klassen Volksschulbildung, verkorkste Jugend, in verschiedenen Heimen aufgewachsen, hing an seiner Familie und den drei Kindern (obwohl geschieden), spielte gern den »generösen Familienvater« und stellte sich schließlich selbst die Falle, als er kurz vor Weihnachten aus dem Albrecht-Lösegeld einen Farbfernseher und zwei Klappräder für seine Lieben kaufte, just von den 10.000 Mark, die ihm Ollenburg zur schnellen Verwendung vor dem Fest aus der Sieben-Millionen-Beute überlassen hatte. Registrierte Scheine.

Schließlich waren da die Aldi-Brothers, Karl und Theo, Mittelpunkt des dramatischen Geschehens. Die Albrechts galten und gelten nach wie vor als leicht verschroben bis skurril, als publikumsscheu mit Angst vor jeder Art von Presse, als Geheimniskrämer erster Güte, als penibel und pedantisch, aber auch als ungemein geschäftstüchtig und, vor allem, äußerst gerissen. Theo, 50, katholisch, Sohn eines Bergarbeiters und gelernten Bäckers, übernahm 1946 mit Bruder Karl das elterliche Geschäft, Marke »Tante-Emma-Laden«. Die Brüder vergrößerten ihr Geschäft und begannen im Ruhrgebiet zu expandieren — »Unsere Werbung liegt im niedrigen Preis«. Sie hatten schließlich die ebenso glorreiche wie durchschlagende Kaufmannsidee des »Discounts«. Von da an ging's bergauf mit den scheuen Brüdern. 1962 wurde der erste »Aldi«-Markt (Albrecht-Discount) in Dortmund eröffnet, zehn Jahre später, zur Zeit des Kidnappings, waren die beiden schon über 600 Filialen in 300 Städten der Bundesrepublik mit einem Umsatz von über zwei Milliarden Mark.

Heute besitzen die Albrechts über 2.000 Geschäfte und machen einen Umsatz von knapp 20 Milliarden Mark. Was unterm Strich übrig bleibt, darüber schweigen sich die Brüder aus. Denn sie haben ihr Imperium geschickt aufgeteilt und gesplittet — Theo beherrscht den Norden der Republik, Karl den Süden, beide arbeiten aber aufs engste zusammen. Das Billig-Waren-Reich — »Aldi«-Läden: geringe Verkaufsfläche, schmucklose Innenausstattung, schmales Sortiment von 500 bis 600 Artikeln, Daumenschrauben für Lieferanten, wenig Personal, Kalkulation bis zur dritten Stelle hinterm Komma — wurde in einige Dutzend rechtlich selbständige Unternehmensgesellschaften gegliedert, um so unterhalb der Grenzwerte des Publizitätsgesetzes und außerhalb der gewerkschaftlichen Mitbestimmung und Kontrolle zu bleiben.

All das wußten Heinz-Joachim Ollenburg und »Diamanten-Paule« nicht, als sie sich die Zeitschrift »Capital« und das Buch »Die Reichen und die Superreichen« anschaffen, um sich ein potentes Entführungsopfer auszugucken — und dabei auf die Albrechts stießen. Und die Albrechts konnten nicht wissen, daß es mit ihrer »Aldi«-Kette nach der Entführung, diesem gigantischen, wenn auch unfreiwilligen PR-Gag, erst so richtig losgehen würde mit dem Discount-Geschäft. Plötzlich war »Aldi« in aller Munde, und die Kasse klingelte in der Hertener Hohewardstraße 345, der Verwaltungszentrale von Bruder Theo – und natürlich auch bei Karl, der ganz schön Schwein gehabt hatte, damals im Winter '71.

Denn eigentlich hatten es die Kidnapper auf Karl Albrecht abgesehen. Paul Kron: »Wir sind mal zu dem hingefahren und haben uns das beguckt, also wie der Karl so in seinem Treibhaus saß und ein leidenschaftlicher Blumenzüchter war. Aber dann hat der Ollenburg rausgekriegt, daß der Karl wohl kränklich wäre und das er das nervlich wohl nicht durchstehen könnte.« So knöpfte man sich den jüngeren der Albrechts vor, Theo, um endlich Millionär zu werden. Ollenburg später: »Ich machte mir Sorgen um mein Alter, denn ich bekomme weder eine Pension noch eine Rente.« Und »Diamanten-Paule« benötigte dringend Geld für Weihnachtsgeschenke. Und für Theo und gegen Karl sprach noch eines: Theos Penibilität und Pünktlichkeit. Schon einige Male hatten Ollenburg und Kron im Emscher Bruch bei Herten, vor der Verwaltungszentrale, Posten bezogen, und sie wußten, dieser Mann war pünktlich und sparsam. Immer verließ er als letzter sein Büro, immer um 18.15 Uhr, immer fuhr er allein, einen Chauffeur gab es nicht, keinen Begleiter.

Am 29. November war es dann soweit. Als Theo Albrecht an diesem Abend, einen Tag nach dem ersten Advent, seinen dunklen Mercedes 280 SEL-automatic, Kennzeichen RE-AL 280, besteigen wollte, ließ sich die Fahrertür nicht öffnen. Paul Kron, der Listige, hatte dem Multimillionär mit einem Streichholz das Türschloß verstopft. Als Bruder Theo über die Beifahrertür ins Wageninnere zu steigen begann, standen Ollenburg und Kron urplötzlich neben seinem Fahrzeug und rutschten mit vorgehaltener Pistole nach.

Nach einer Irrfahrt durch Herten und Essen, die Kidnapper hatten ihrem Opfer Fesseln angelegt und mit Klebeband die Augen verschlossen, stiegen sie schließlich in Paul Krons Diesel um und stellten den Wagen samt Albrecht in Paul Krons Düsseldorfer Garage ab. »Diamanten-Paule« hielt Wache, während Heinz-Joachim Ollenburg zu seiner Geliebten eilte. Rund 20 Stunden lag der gefesselte Kaufmann zusammengekauert im Fond des Wagens und harrte angstvoll der weiteren Entwicklung. Aber er spürte, daß es sich um eine besondere Spezies von Gangstern handeln mußte, daß man ihn, den Umständen entsprechend, durchaus freundlich behandelte. (Ein Grund: »Diamanten-Paules« Schwester war Aldi-Stammkundin.) Kron versicherte immer wieder, Albrecht werde nichts geschehen, vorausgesetzt freilich, die Familie Albrecht würde zahlen. Sieben Millionen Mark Lösegeld.

Theo Albrecht bekam seine Entführer während des Kidnappings nie zu Gesicht. Auch nicht, als sie ihn schließlich, an der nichtsahnenden Sekretärin vorbei, in das Hinterzimmer von Ollenburgs Kanzlei in der Düsseldorfer Graf-Adolf-Straße 45 brachten, das Gefängnis für 18 lange Tage. Der Raum war verdunkelt, Albrecht gefesselt, meist mit verbundenen Augen, Kron kochte und Ollenburg verhandelte. Und die Öffentlichkeit wußte von nichts. Alles lief geheim, die Familien Albrecht, fest entschlossen, daß Leben Theos durch Zahlung der geforderten sieben Millionen Mark Lösegeld zu retten, hielten ebenso dicht wie die Polizei.

Erst am 10. Dezember hatte der Essener Polizeipräsident Hans Kirchhoff während einer Pressekonferenz den Fall freigegeben und Einzelheiten mitgeteilt — eher aus Not, denn man trat auf der Stelle: Noch in der Entführungsnacht hatten sich die Kidnapper bei Albrechts Frau Cilly in der Villa im noblen Essen-Bredeney gemeldet. Theo sei entführt worden, hieß es, und »laßt Presse und Polizei aus dem Spiel«. In den nächsten Tagen trafen immer wieder Briefe bei der Familie ein, Briefe von Theo, der über seine Lösegeldverhandlungen mit den Kidnappern berichtete, und: keine Presse, keine Polizei.

Am 2. Dezember schließlich schaltete Frau Albrecht die Polizei trotzdem ein, eine 100 Personen umfassende Sonderkommission wurde gebildet, der mit Entführungen erfahrene Münchner Kripochef Hermann Häring hinzugezogen. Am 6. Dezember endlich die konkrete Lösegeldforderung: »Sieben Millionen Mark, in kleinen Scheinen. Zwei Tage Frist zur Beschaffung.« Das Schreiben stammte wiederum von Theo selbst. Aber zur Geldübergabe kam es nicht. Forderungen, Gegenforderungen, keine Einigung über die Übergabemodalitäten.

Am 9. Dezember setzen die Kidnapper eins drauf. Sie schrieben dem nordrhein-westfälischen Ministerpräsidenten Heinz Kühn und verlangten Vermittlung. Da war zu lesen, daß sie, die Entführer, »soziale Gerechtigkeit anstreben«, das Lösegeld könne immerhin auf einen Schlag aus einem Millionär acht Millionäre machen, und, ins Stammbuch des Sozialdemokraten Kühn geschrieben, »die Aktion sei schließlich arbeitnehmerfreundlich«. Zitat der Herren Ollenburg und Kron: »Herr Ministerpräsident, sie sind ein kluger und besonnener Mann, halten sie die unüberlegten Heißsporne zurück. Wir wollen nicht, daß es zu einem Unglück kommt. Theo Albrecht wird nichts geschehen. Das wird so bleiben, selbst wenn die Abwicklung ein Jahr dauert.«

Heinz-Joachim Ollenburg und Paul Kron fühlten sich mit Theo Albrecht in der Graf-Adolf-Straße wohl und sicher – und man gewöhnte sich immer besser aneinander. Ollenburg und Kron begannen, den ehrenwerten Herrn Albrecht zu schätzen, hofierten ihn regelrecht, die Kidnapper mochten den Discount-König.

Aber dann mußte man sich doch trennen. Das Geiseldrama kam durch höchst geistliche Vermittlung zu einem vorläufigen Ende. Der Essener Ruhrbischof Franz Hengsbach hatte geheim und ohne Polizei, nur seiner kirchlichen Schweigepflicht verpflichtet, in Lintorf/Breitscheid bei Düsseldorf (oder auch in einem »kirchlichen Gebäude« bei Essen) dem Entführer-Duo in zwei schwarzen Ledertaschen sieben Millionen Mark ausgehändigt. Im Gegenzug erhielt der Bischof den unversehrten Theo Albrecht, nach 18 Tagen Geiselnahme, mit der Auflage, 24 Stunden nach der Übergabe nichts zu unternehmen, um den Entführern einen Vorsprung zu sichern. Solange blieb Albrecht also unter der Obhut der Kirche und schlich sich dann durch die Hinterpforte in seine Villa, vorbei an der wartenden Journalistenmeute. Für zwei Minuten zeigte sich der befreite Multimillionär den vom Regen durchweichten Pressevertretern winkend am Fenster eines Kinderzimmer der Bredeneyer Villa. Erst jetzt gab die Polizei das Ende des Kidnappings bekannt.

Schon zwei Tage nach der Freilassung Albrechts kam die Wende. Ollenburg hatte den verheerenden Fehler seines Lebens gemacht, als er »Diamanten-Paule« auf die Schnelle 10.000 Mark der Beute in die Hand gedrückt hatte. Registrierte Scheine aus dem Lösegeld tauchten just in dem Geschäft auf, in dem Paul Kron Schulden hatte. Der kleine Ganove war erkannt und wurde am 21. Dezember verhaftet. Schnell führte die Spur zu Ollenburg, in die Graf-Adolf-Straße 45. Als »Diamanten-Paule« erfuhr, daß sein Über-Ich nebst Freundin das Weite gesucht hatte und die 6.990.000 Mark aus der Beute unauffindbar waren, packte er, der ein Leben lang nach dem Motto »Klein – aber allein« gearbeitet hatte, aus, zu dem Zeitpunkt, da sich Heinz-Joachim Ollenburg mit seiner 19jährigen Freundin im Jet über dem Atlantik Richtung Mexiko befand.

Doch die Freiheit währte kurz. Interpol stöberte den Düsseldorfer Rechtsanwalt und seine Freundin Angela Pöck im futuristischen Hotel »Emporio« in Mexiko-City auf, 50 Polizisten, zum Teil als Touristen verkleidet, schnappten zu. In den frühen Morgenstunden der Silvesternacht 1971 landete die Lufthansa-Boeing 707 mit dem Kidnapper an Bord auf dem Flughafen Köln-Wahn. Für die verkaterte Kripo und Staatsanwaltschaft in Essen fing das neue Jahr gut an.

Und wo waren die Millionen? Ollenburg hatte reichlich ausgegeben in den Weihnachtstagen 1971, sogar per Post einen Tausender an Theo Albrecht geschickt. »Die hatte ihm der Herr Kron ja gleich nach der Entführung geklaut. Das fand ich ekelhaft. Bin ich ein Taschendieb«, strahlte der Ex-Anwalt vor Gericht über seine generöse Geste. Einen Teil der Beute hatte Ollenburg vergraben, wie er dann gestand, nachdem er zuvor dem Richter weiszumachen versuchte, er hätte die Millionen im Rhein versenkt. 2,8 Millionen Mark fanden Beamte der »Sonderkommission Albrecht« in den Wäldern an Rhein und Ruhr. Aber wo befand sich das restliche Geld? Die noch fehlenden 3,6 Millionen? Ollenburg behauptete, Kron die Hälfte der Beute übergeben zu haben, der wiederum lamentierte, mit lediglich 10.000 Mark abgespeist worden zu sein. »Handgeld«, wie er es nannte. Das Gericht legte in seinem Urteil für alle Angeklagten strafbegünstigend zugrunde, daß der jeweils andere das Geld habe, also wissen müsse, wo es versteckt sei. Bis heute fehlt das Geld. Polizei und Unterwelt halten gleichermaßen ein waches Auge auf Heinz-Joachim Ollenburg und »Diamanten-Paule«.

Anfang 1973 wurde Ollenburg zu etwas über acht Jahren Gefängnis verurteilt und fünf Jahre später wegen guter Führung freigelassen – ganz zum Unmut der Öffentlichkeit, so nach dem Motto: 3,6 Millionen für fünf Jahre Haft, so einfach ist es, Millionär zu werden. Am 1. Juni 1974 schrieb die »Süddeutsche Zeitung«: »Heinz-Joachim Ollenburg, ehemaliger Rechtsanwalt, der wegen der Entführung des Millionärs Theo Albrecht zu acht Jahren Haft verurteilt worden ist, hat in der Justizvollzugsanstalt Willich-Anrath (Rheinland) die 20jährige Wuppertaler Notariatsgehilfin Angela Pöck geheiratet. Die Hochzeitszeremonie – so Anstaltsleiter Hans Siebert – spielte sich in einem 'etwas feierlich' dekorierten Büroraum ab, den die Braut mit einer brennenden Kerze, einem Strauß dunkelroter Rosen und Blumengestecken ausgeschmückt hatte. Angela Pöck hatte Ollenburg nach der Entführung auf seine Flucht nach Mexiko begleitet.«

PS: 1979 erregte Theo Albrecht erneut Aufsehen, als er vor dem Düsseldorfer Finanzgericht die volle steuerliche Absetzbarkeit der materiellen Entführungsschäden einklagte. Albrecht versuchte, das Lösegeld als »Betriebsausgabe« zu deklarieren, um so vom Steuerzahler einen Großteil der gezahlten Summe zurückzubekommen.

DER »KIRMESMÖRDER« — EINE »BESTIE« FÜR DAS VOLK

Kindermörder Jürgen Bartsch

Ende April 1976 sorgte der plötzliche Tod des Kindermörders Jürgen Bartsch für Schlagzeilen.

Der damals 24jährige junge Mann war am 6. April 1971 nach einem Revisionsverfahren vom Landgericht Düsseldorf unter anderem »wegen vierfachen Mordes, tateinheitlich begangen mit Kindesraub und Unzucht mit Kindern, in drei Fällen auch in Tateinheit mit Gewaltunzucht zwischen Männern« zu einer Jugendstrafe von zehn Jahren verurteilt worden, auf die die Untersuchungshaft anzurechnen war. »Die Unterbringung des Angeklagten in einer Heil- und Pflegeanstalt wird angeordnet.«

Anders 1967 vor einem Wuppertaler Gericht in erster Instanz: Da wurde Jürgen Bartsch nach Erwachsenenrecht verurteilt – zu lebenslanger Haft. Der Bundesgerichtshof(BGH) in Karlsruhe hob dieses unter Juristen und wissenschaftlichen Gutachtern äußerst umstrittene Urteil 1969 wieder auf und beraumte einen neuen Prozeß an.

Bartsch, der seit Ende 1972 im westfälischen Landeskrankenhaus Eickelborn zur Behandlung untergebracht war, entschloß sich in Übereinstimmung mit der Landesärztekammer Westfalen-Lippe zur Kastration. Die »psychologisch katastrophale, aber chirurgisch ganz einfache Operation« (»Zeit«) nahm Oberarzt Dr. Josef Hollenbeck vor.

Jürgen Bartsch starb an dieser Operation. Hollenbeck wurde im April wegen fahrlässiger Tötung bzw. tödlicher Narkosefehler im Fall Bartsch sowie im Fall einer jungen Frau, die wenige Wochen vor Bartsch bei einer Operation gestorben war, zu neun Monaten Gefängnis auf Bewährung verurteilt. Hollenbeck bekam nach dem Tod von Jürgen Bartsch Operationsverbot für Eickelborn.

66

In der interessierten Öffentlichkeit wurde lange Zeit spekuliert, ob der plötzliche Tod von Jürgen Bartsch vielleicht nicht ganz »zufällig« eingetreten sei, da dieser komplizierte Fall den zuständigen medizinischen und juristischen Stellen große Probleme bereitet hatte und teilweise das Ansehen der Justiz und konservativer Gutachterkreise erheblich in Mitleidenschaft gezogen hatte. War Bartsch Opfer eines ärztlichen Kunstfehlers geworden, waren an ihm vor der Operation psychologische oder medikamentöse Versuche vorgenommen worden, hatte man Bartsch womöglich doch zu dem Eingriff gedrängt? Womöglich gegen seinen Willen?

Der Reporter der »Welt« bemerkte am 14. Dezember 1967 zum ersten Prozeß gegen Jürgen Bartsch folgendes: »Die Öffentlichkeit ist meistens ausgeschlossen, aber sie ist stets präsent.« Dieser Prozeß war in den Fakten des Verbrechens so einzigartig grausam und bestialisch, daß die Öffentlichkeit über weite Strecken des Verfahrens aus dem des Sitzungssaal verbannt wurde. Aber dennoch drangen die meisten Details nach außen, blieb keine sadistische Handlung des Jürgen Bartsch unveröffentlicht. Der »Welt«-Reporter weiter: »Vor der Tür des Sitzungssaales schieben sich zu jeder Stunde die Neugierigen. Bei Ausschluß jedoch sind die Bänke keineswegs leer. Polizeianwärter, Absolventen von Rechtspflegerschulen, Rechtsanwälte und Richter wollen und sollen 'das Phänomen, wie es in einem Jahrhundert nur einmal vorkommt', sehen. Sogar der Dramatiker Peter Handke wird zugelassen mit einem der wenigen Scherze, die gemacht werden: daß er seinem Bühnenerfolg 'Publikumsbeschimpfung' nicht eine 'Gerichtsbeschimpfung' folgen lasse.«

Und das war der »Jahrhundertfall«: Jürgen Bartsch hatte vier Jungen im Alter von acht bis dreizehn Jahren ermordet, bestialisch ermordet in einem alten Luftschutzstollen nahe der elterlichen Wohnung im rheinländischen Langenberg, in seiner Höhle. Am liebsten sprach Jürgen Bartsch seine Opfer auf der Kirmes an und lockte sie in den Stollen, legte sie in Fesseln, verging sich dann sexuell an ihnen und brachte sie schließlich grausam um, in einem kaum vorstellbaren Maße, indem er ihnen mit Messern das Fleisch von den Knochen schälte, sie verstümmelte und dann am Stollenende verscharrte. Erst als sein vermeintlich fünftes Opfer fliehen konnte, ein Junge, der bereits gefesselt in der Höhle lag, wurde der »Kirmesmörder« verhaftet.

Als die zerstückelten, verwesenden Leichenteile gefunden wurden, fegte ein Sturm der Entrüstung über die Republik, der Fall sorgte für weltweites Aufsehen. Lautstark wurde nach der Todesstrafe gerufen, nach Lynchjustiz, und im Untersuchungsgefängnis versprachen Mithäftlinge, den verruchten Kindermörder bei der erst besten Gelegenheit umzubringen, den Fall auf ihre Art zu »erledigen«. Der Verteidiger von Jürgen Bartsch wurde unter massiven Druck gesetzt, allerorts angepöbelt, wie man denn auch noch für eine solche Bestie Partei ergreifen könne.

Seinen ersten Mord hatte Jürgen Bartsch, gerade 15jährig, im April 1962 begangen, seinen letzten mit 19 Jahren im Mai 1966. Dutzende von Kindern hatte er zu verführen und in den Stollen zu locken versucht. Die Taten hatten etwas Ungeheuerliches, Unmenschliches, Bestialisches, so daß Staatsanwälte und Richter im Prozeß gegen den Jugendlichen nicht mehr in der Lage schienen, einen klaren Blick zu wahren und entsprechend zu urteilen, sondern den Tatkomplex unter dem wütenden Gezeter der Öffentlichkeit, die den Kopf des Jürgen Bartsch rollen sehen wollte, betrachteten und zu einem auf den ersten Blick vielleicht verständlichen, aber in seinem Strafmaß und in seinen Auswirkungen verheerenden Urteil kamen. Sie verurteilten die »Bestie Mörder« und nicht den in tiefsten kranken und zerbrochenen Menschen im Dezember 1967 als »gefährlichen Gewohnheitsverbrecher« zu »lebenslänglicher« Haft.

Das Gericht urteilte eiskalt und unnachgiebig nach einer eindimensionalen Auffassung von Schuld und Sühne, die eine angemessene Reflektion über die Auslegung des Gesetzestextes und über Sinn und Ziel des Urteils sowie des Strafvollzugs völlig ausschloß. Für die Gutachter dieses Prozesses war Jürgen Bartsch »der größte Sadist aller Zeiten«, obwohl die Richter selbst Unsicherheit beschlich: »Der Angeklagte bleibt ein Rätsel.« Für die Gutachter des Prozesses stand zweifelsfrei fest: Bartsch war für

68

seine Taten voll verantwortlich. Für sie war die »Bestie in Menschengestalt« hirnorganisch gesund, obwohl Bartsch immer wieder vorgab, sexuelle Lust empfunden zu haben, als er seine Opfer quälte und zerstückelte. Die Gutachter des ersten Prozesses waren der Meinung, Jürgen Bartsch hätte seinen Trieb in jedem Augenblick beherrschen können, wenn er nur gewollt hätte, hielten ihn für voll verantwortlich, bescheinigten ihm aber eine »einmalige Triebabartigkeit«, sprachen von dem »wütenden Trieb«, der in ihm nach wie vor »wie ein großes, wildes Raubtier« am Werke sei. Gerhard Mauz im »Spiegel« (48/69): »In keinem Augenblick jedoch, so die Gutachter, soll Jürgen Bartsch 'ein blinder Diener seines Triebes' gewesen sein. Jürgen Bartsch hat die Augen seiner Opfer ausgestochen und ihnen das Fleisch von den Knochen geschält, doch die Gutachter bestätigen ihm Intelligenz und Gewissen … Jürgen Bartsch ist als gefährlicher Gewohnheitsverbrecher (von Kindesbeinen an) verurteilt worden, weil eine solche Verurteilung Überlegungen fernhält, die äußerste Anstrengung verlangen. Er durfte nicht krank sein, weil ein Kranker möglicherweise geheilt werden kann.«

Jürgen Bartsch wurde nun seinerseits das Opfer einer konservativen Psychiatrie, die ihm zwar eine einmalige Triebanomalie bestätigte, aber betonte, daß er jederzeit in der Lage gewesen wäre, diesen Trieb auch zu beherrschen. Nach Ansicht eines Prozeßgutachters stellte Bartsch alle Horrorfiguren der Kriminalgeschichte, zwar nicht in der Zahl der Opfer, aber in seiner sadistischen Tatausführung in den Schatten, galt aber im Gutachter-Urteil als geistig gesund. Andere wissenschaftliche Richtungen und Schulen, wie beispielsweise die des Hamburger Sexualwissenschaftlers Hans Giese, wurden gar nicht erst zugelassen, zahlreiche, womöglich Bartsch als tragische Persönlichkeit charakterisierende Zeugen, kamen überhaupt nicht zum Zuge.

Eine Gesellschaft, die in solch infamer Weise über Morde eines Jugendlichen urteilt, ohne sein Umfeld und die gesellschaftlichen Verhältnisse zu berücksichtigen, die ihn vielleicht zur »Bestie« haben werden lassen, urteilt damit auch über sich selbst. Ein Gutachter im zweiten Bartsch-Prozeß bemerkte denn auch eindring-

lich: »Wer im Fall Bartsch nur die extreme Verirrung eines Einzeltä-
ters sieht, vergißt, daß jede Gesellschaft die Verbrecher hervor-
bringt, die ihrem Entwicklungsstand entsprechen.«

Jürgen Bartsch, dieser jugendlich-junge, adrett wirkende, ganz
dem Klischee der Saubermänner der fünfziger und frühen sechziger
Jahre entsprechende nette Junge von nebenan, was war er für ein
Mensch, wie konnte er so werden wie er wurde, zum Kindermörder,
zum Feindbild einer komplexbeladenen Nation, die zwei Jahrzehnte
zuvor noch Kinder in Gaskammern geschickt und bei lebendigem
Leib in brennende Öfen geworfen hatte? Oder wie der »epd« anläßlich einer Fernsehdokumentation über den »Fall Bartsch« im
Dezember 1985 fragte: »Wie ist es zu begreifen, daß Jürgen Bartsch
als 'Jahrhundertverbrecher' gilt in einem Land, in dem im selben
Jahrhundert organisierter Massenmord ohne Empörung geduldet
wurde?« Was für eine Persönlichkeit war dieser Jürgen Bartsch, für
dessen Taten der Staatsanwalt auch im Revisionsverfahren erneut
»lebenslänglich« forderte und dessen Erscheinung vor der Verhaftung er, selbst Familienvater, so umriß: »Er war das Musterbeispiel
von einem lieben, guten Jungen. Er hatte keine langen Haare. Er
hatte keinen Bart. Er war ein lieber, guter Junge.«

Jürgen Bartsch hatte eben alles das nicht, was Jugendliche in der
Erwachsenenwelt, in der konservativen allemal, in diesen Jahren in
Verruch brachte. Um so notwendiger wäre es gewesen, einen
ernsthaften Blick hinter die Kulissen dieses Jungen zu werfen, der
unter seinem Trieb stets litt, der sich seiner grauenhaften Taten
durchaus bewußt war, aber mit diesem Wissen nicht umgehen
konnte, der Fährten legte, damit ihm das Gesellschaft, das Umfeld,
endlich auf die Schliche kommen sollte, der immer wieder versucht
hatte, Aufmerksamkeit zu erregen, der gefaßt werden wollte, der
sogar seinen ersten Mord, drei Jahre vor seiner Festnahme, aus Verzweiflung einem katholischen Geistlichen in Langenberg gebeichtet
hatte, aber auf die tauben Ohren des Beichtgeheimnisses stieß. Was
nicht sein durfte, konnte auch nicht sein. Jürgen Bartsch war offen-
erleichtert, als er endlich verhaftet wurde.

Jürgen Bartsch durchlebte eine grauenhafte Kindheit und Jugend, die »dumpf, gewaltsam, mörderisch und triebhaft« war. Er wurde als Kind von einem Metzgerehepaar aus Langenberg adoptiert; sein leiblicher Vater war zwischenzeitlich mit einer anderen Frau verheiratet und hatte elf Kinder. Jürgen wurde herumgeschubst und lernte niemals wirkliche Hingabe und Fürsorge kennen. Die Eltern hatten wenig Zeit für das Kind, Jürgen Bartsch konnte sich nicht daran erinnern, daß sein Vater jemals mit ihm gespielt hätte. Die Mutter hatte einen hysterisch-pathologischen Reinlichkeitsfimmel, den das Kind übernehmen mußte, sie demütigte und tyrannisierte ihren Jungen mit Sauberkeit und Ordnung. Jürgen Bartsch wurde schließlich in eine Klosterschule abgeschoben, für ihn ein Horrortrip. Der Erzieher des Jungen, ein katholischer Pater verging sich an Jürgen homosexuell und drangsalierte ihn mit perversen Phantasien, die Zöglinge wurden von den Patres zum Teil brutal mißhandelt. Jürgen Bartsch absolvierte bei seinen Adoptiveltern gegen seinen Willen eine Metzgerlehre, kapselte sich immer mehr ab und spürte seinen Trieb wachsen . . .

Nach seiner Verhaftung von Jürgen Bartsch. »Die Taten waren ein Abbild dessen, was innerlich in seiner Entwicklung vorher geschehen ist«, urteilte ein Gutachter im Düsseldorfer Prozeß, der einen psychodynamischen »klaren Zusammenhang« zwischen der Lebensgeschichte des Jürgen Bartsch und seinen Taten herstellte. Jürgen Bartsch konnte seinen durch homosexuelle und sadistische Neigungen geprägten Geschlechtstrieb, den er seit frühester Jugend verspürte, nur durch dieses schreckliche Doppelleben »abreagieren«. Hier der nette, adrette, bescheidene Sohn seiner Eltern, da der Junge, der beim Anblick von Kindern in immer größere Vorstellungen bis zu Zwangsreaktionen geriet.

Jürgen Bartsch war sich seiner Taten bewußt, bedauerte, konnte aber nicht anders als seine sexuellen und mörderischen Phantasien in grausame Taten umzusetzen. Das alles negierte das Wuppertaler Urteil, als es den jungen Mann, nun 21jährig, lebenslang hinter Gitter brachte, ohne ihm die Chance einer psychotherapeutischen Behandlung einzuräumen in der Hoffnung, von seinem verheeren-

71

den Trieb befreit zu werden. Dabei sprach Jürgen Bartsch ganz offen über seine perversen Gelüste, seinen ständig wachsenden Trieb, der ungezügelt fortschritt und begann, ihn geistig krank zu machen. Und niemand konnte und durfte ihm helfen.

Bartsch' neuer Anwalt im Revisionsprozeß, Rolf Bossi, formulierte schließlich die alles entscheidende Aussage: »Wenn ein Mensch dazu fähig ist und Lust dabei empfindet, dann muß doch eine Persönlichkeitsveränderung vorliegen.« Mehrheitlich kamen die Gutachter, und neben der Psychiatrie und Psychologie wurde erstmals auch die Psychoanalyse bemüht, zu dem Ergebnis, Jürgen Bartsch sei krank, gehöre also in eine Heilanstalt, sei schwer krank, auch ohne daß ein organischer Befund dafür spreche. Es stellte sich also neben der Frage, wie die Gesellschaft vor ihm zu schützen sei, die Frage, wie einem solchen Menschen zu helfen sei. Nicht das Zuchthaus, sondern ausschließlich die Medizin könne Jürgen Bartsch aus seiner eigenen, leidvollen Katastrophe befreien, war der Tenor dieses Düsseldorfer Prozesses, der in Verlauf und Urteil als ein epochales, bahnbrechendes Strafverfahren in die deutsche Kriminalgeschichte eingehen sollte. Die Gesellschaft mußte sich daran gewöhnen, daß Täter vom Schlage des Jürgen Bartsch möglicherweise geheilt und unter bestimmten Umständen auch wieder in die Gesellschaft außerhalb von Zuchthausmauern und Anstaltssperren eingegliedert werden können. Jürgen Bartsch war auch nicht geisteskrank, er verfügte sogar über eine ausgeprägte Selbstbeobachtungsgabe und über ein Talent, dieses auch eindrucksvoll mitzuteilen.

Das Urteil des Düsseldorfer Gerichts — eine zehnjährige Jugendstrafe mit anschließender Einweisung in eine Heilanstalt — legte den Schwerpunkt eindeutig auf die Heilung des Angeklagten, die Strafe entsprach dem Gesetz und dem legitimen Interesse der Öffentlichkeit, vor Bartsch hinreichend geschützt zu sein. Der Richter stellte klar: »Jürgen Bartsch konnte seinem Trieb nicht entkommen, obwohl er wußte, daß er Böses tat.« Vielleicht spiegelte das Urteil von Düsseldorf auch den Geist dieser Jahre wieder, der sich nicht mehr so sehr allem Neuen gegenüber verschloß. Das galt insbesondere für die Psychoanalyse. Werner Birkenmaier, aufmerksamer und analytisch vorgehender Prozeßbeobachter in Düsseldorf, kommentierte in der »Stuttgarter Zeitung« vom 6. April 1971 so: »Ein Vergleich der Urteile von Wuppertal und Düsseldorf läßt erkennen, welchen Weg wir inzwischen zurückgelegt haben. Mörder fallen nicht einfach vom Himmel; sie wachsen mitten unter uns heran, sie haben eine Umwelt, die dazu beiträgt, sie zu Mördern zu machen. Im Fall Bartsch begründete jetzt der Vorsitzende das Urteil mit dem entscheidenden Satz: 'Seine Entwicklung war abhängig von Charakteranlage und Umwelteinflüssen'.«

Paul Moor schrieb im Vorfeld des zweiten Bartsch-Prozesses Anfang April 1971 in der »Zeit«: »Welchen Einfluß wird dieser wichtige Prozeß auf die Öffentlichkeit haben, was wird sie aus ihm lernen? Unter den Kulturstaaten steht Deutschland mit einer langen beschämenden Tradition an erster Stelle: als der kinderfeindlichste. Die Bevölkerung der Bundesrepublik, der es so leicht gefallen ist, aus Jürgen Bartsch einen Sündenbock für ihre eigenen Taten zu machen, prügelt jahraus, jahrein etwa neunzig bis hundert Kinder zu Tode und verletzt mehrere weitere tausend schwer. Wenn die Erkenntnisse aus diesem Prozeß diese Statistik werden ändern können, werden die vier Opfer von Jürgen Bartsch nicht ganz umsonst gestorben sein.«

Gegenüber dem amerikanischen Journalisten Paul Moor äußerte Jürgen Bartsch in klaren, verständlichen und einleuchtenden Argumenten immer wieder seine Angst vor Heilanstalten, obwohl er im Prinzip genau dort seine Heilungschance sah und wahrnehmen wollte. Seine Angst vor diesen Anstalten resultierte aus seinen eigenen Heimerfahrungen, aus Schauergeschichten, nach denen diese Anstalten die schlimmeren Gefängnisse seien, in denen die Patienten, allemal noch, wenn sie homosexuell seien, hilflos einem möglicherweise sadistischen Personal ausgeliefert seien, abgekapselt von der Außenwelt, allein. Jürgen Bartsch äußerte auch immer wieder Ängste vor Ärzten, die ihm womöglich etwas antun könnten, gegen seinen Willen, hilflos.

Jürgen Bartsch arbeitete an sich. Immer wieder wurde ein operativer Eingriff am Gehirn diskutiert, eine Kastration in Erwägung gezogen. Der Gefangene heiratete 1973 sogar eine körperbehinderte Krankenschwester. Beide waren festen Willens, sich gegenseitig zu helfen, zu unterstützen, mit dem Fernziel, vielleicht eines Tages unter anderen Namen frei leben zu können. Vorausgesetzt, Jürgen Bartsch würde geheilt werden.

Dem Wunsch des Jürgen Bartsch nach einer Kastration, die ihn von seinem unheilvollen Sexualtrieb befreien sollte, wurde Anfang 1976 stattgegeben. Inwieweit die Ärzte ihren Patienten in diese »mittelalterliche« Operation getrieben hatten, konnte nicht geklärt werden. Der »Kirmesmörder« überlebte diesen Eingriff nicht.

Gerhard Mauz schrieb im »Spiegel« sehr selbstkritisch und nachdenklich zum Tod von Jürgen Bartsch: Mit wissenschaftlicher Präzision habe man Jürgen Bartsch seine Taten vorgeführt, ihn »ausgeweidet«, vertretbar verurteilt, ihn anschließend allein und sich selbst überlassen und nie versucht, ihm ernsthaft zu helfen. »Jürgen Bartsch, der wußte, daß nur eine psychotherapeutische, eine psychoanalytische Behandlung ihn heilen konnte, mußte sich zum Antrag auf Kastration entschließen — zu einem Eingriff, von dem er, im Erleiden dessen, was man ihm über sich selbst bewußt gemacht hatte, wußte, daß er ihm nur Linderung, jedoch keine Erlösung von seinen kranken Phantasien verschaffen konnte. Vielleicht hat er den Antrag auf Kastration gestellt, um sich selbt zu töten, um seinen Frieden zu finden.«

Und der Gerichtsreporter schloß: »Wir haben es geschafft: Jürgen Bartsch ist ein Opfer — ein Opfer genauso wie die vier Kinder, die ihm zum Opfer fielen.«

WAFFEN, AUTOS, ALKOHOL

»Ausbrecherkönig« Alfred Lecki

Alfred Lecki hielt sich für den Größten und litt, wie viele Männer seines Schlages, an maßloser Selbstüberschätzung. Denn, so bescheinigte ihm der Psychologe im Prozeß vor dem Essener Schwurgericht im April 1972, er sei zwar überdurchschnittlich intelligent, aber im emotionalen Bereich stark zurückgeblieben, habe eklatante Minderwertigkeitsgefühle und zeige ein nur geringes Selbstbewußtsein, unter anderem ausgelöst durch einen permanenten Autoritätskonflikt mit seinem Vater, den er dann später auf die Polizei übertragen habe. Die schwache Persönlichkeitsstruktur des im Elternhaus verwöhnten Alfred Lecki wurde schließlich durch drei Dinge kompensiert: Waffen, Autos und Alkohol. »Sie dienten seinem Geltungsbedürfnis und seiner Geltungssucht«, konstatierte der Psychologe vor Gericht. »Für ihn war das Auto eine Verstärkung seiner Persönlichkeit. Er brauchte das Auto und den Geschwindigkeitsrausch, um seiner schwachen Persönlichkeit das Gefühl der Leistungsstärke zu geben.« Und Alfred Lecki bestätigte: »Ohne Führerschein hat mein Leben keinen Sinn.«

Eine ähnliche Funktion und Faszination wie das Auto, so die Gutachter, übten auch Waffen auf Alfred Lecki aus. Und von der Waffe hatte der »Ausbrecherkönig« am 14. Juli 1969 tödlichen Gebrauch gemacht. Da nämlich wurde Lecki, nach einer Reihe von Banküberfällen, bei einer Fahrzeugkontrolle in Bottrop von zwei Polizisten schlafend im Auto überrascht. Als die Polizisten den Personalausweis des nur mit Unterwäsche bekleideten Lecki sehen wollte, sprang er aus dem Auto, lief einige Meter, drehte sich urplötzlich um und feuerte sein gesamtes Magazin auf die Polizisten ab. Polizeiobermeister Theodor Klein brach tot zusammen, sein Kollege wurde schwer verletzt, und Lecki verschwand in der Dunkelheit.

Alle Beteiligten des Essener Prozesses gegen den Berliner Lecki waren sichtlich nervös. Um eine mögliche Flucht oder gar eine gewaltsame Befreiung des Polizistenmörders und Bankräubers zu verhindern, wurden rund 100 Polizisten in Uniform und Zivil aufgeboten und die Türen zum Schwurgerichtssaal schwer bewacht. Beamte patrouillierten mit Funkgeräten und Maschinenpistolen um das Gerichtsgebäude. Für den Staatsanwalt stand fest, daß Alfred Lecki ein »gefährlicher Rechtsbrecher« war, der sein Leben aus der Beute von Raubüberfällen bestritt und dabei zum Mörder geworden war. Das Schwurgericht schloß sich dem an: Lecki habe die Bottroper Schüsse kaltblütig und »bedingt vorsätzlich« abgegeben. Das Urteil: Zuchthaus lebenslänglich und 15 Jahre. »Die Zuhörer – der Saal war wie an allen Verhandlungstagen proppevoll – gingen enttäuscht nach Hause,« schrieb die »Rheinische Post« am 22. April 1972. »Sie hatten von dem 'Ausbrecherkönig' mehr erwartet. Zumindest einen Ausbruchsversuch . . .«.

Kein Wunder. Lecki war schon zweimal die Flucht aus dem Gefängnis gelungen. Und für den damaligen Bundesinnenminister Hans Dietrich Genscher gehörte er zu den »meistgesuchten Gewaltverbrechern der Bundesrepublik«, und Genscher war es auch, der im März 1970 das »Startzeichen zu einer erbarmungslosen Jagd« (»Welt am Sonntag« vom 14. März 1970) gab. Der Innenminister übertrug die Fahndung ohne Rücksicht auf Ländergrenzen und Kompetenzstreitigkeiten zentral dem Bundeskriminalamt, ein bis dahin einmaliger Vorgang. Spezialbeamte des BKA sollten Lecki und seinen Komplizen Helmut Derks nach FBI-Methoden jagen und zur Strecke bringen.

Nach dem Bottroper Mord und einem Überfall auf die Düsseldorfer Commerzbank konnte Lecki schließlich in Braunschweig verhaftet werden und kam nach Essen in Untersuchungshaft, wo er den wegen Raubes zu sieben Jahren Zuchthaus verurteilten Helmut Derks kennenlernte, der gerade auf die Entscheidung über seinen Revisionsantrag wartete. Am ersten Weihnachtstag, als die Häftlinge in der Anstaltskapelle des Untersuchungsgefängnisses gerade »Macht hoch die Tür . . .« anstimmten, öffneten sich gerade Lecki und

Derks mit Nachschlüsseln selbst das Tor und verschwanden. Dem ermittelnden Staatsanwalt hinterließen sie einen Gruß: »Frohe Weihnachten«!

Vom Tag ihres Ausbruchs an legten sie eine Serie kapitaler Einbrüche hin. Mal maskiert, mal »oben ohne«, aber immer schwerbewaffnet, überfielen sie Banken und Geldtransporter und erbeuteten rund fünf Millionen Mark. Sie raubten und schossen – und entkamen immer wieder den Hundertschaften der Polizei. Fünf verschiedene Kriminalinspektionen suchten die Ausbrecher in einem heillosen, unkoordinierten Durcheinander, vergeblich. Der Polizistenmörder und sein Komplize führten die Polizei monatelang an der Nase herum. Sie schienen sich zu regelrechten Verwandlungskünstlern entwickelt zu haben, benutzten Brillen, Perücken, gefärbte Haare, wechselten ständig die Autos, waren mal in Spanien und dann wieder im Westen der Bundesrepublik unterwegs. Hinweise aus der Bevölkerung kamen immer seltener. Die Menschen hatten Angst vor Leckis Rache. Parallelen zum »Fall Bruno Fabeyer«, der wenige Jahre zuvor über 18 Monate die Polizei an der Nase herumgeführt hatte, drängten sich auf. Auch die »XY«-Fahndung Eduard Zimmermanns blieb ohne Erfolg.

Die Polizei begann zusehends unruhiger und hysterischer zu werden. Die Jagd nach den Tätern wurde immer hektischer. Bei Stuttgart erschoß die Polizei einen Steinmetz, den sie für Lecki hielt, in Frankfurt richteten 30 Polizisten ihre Maschinenpistolen auf einen Werbemanager, nachdem ihn ein Tankwart mit Derks verwechselt und die Kripo gerufen hatte. Die Beamten von BKA und Interpol verfolgten die Gangster von Bank zu Bank.

Im Sommer 1970 wurden sie nach genau 191 Tagen Flucht im spanischen Marbella von der dortigen Polizei verhaftet; an der Costa del Sol und der Costa Blanca hatte Lecki wochenlang die Puppen tanzen lassen und das süße Leben mit seiner Freundin Ute genossen. Die meistgesuchten Verbrecher wurden an die Bundesrepublik ausgeliefert. Lecki landete im als ausbruchssicher geltenden neuen Kölner »Klingelpütz«. Von den rund fünf Millionen Mark Beute sind bis heute lediglich knappe 200.000 Mark aufgetaucht.

Kurz nach seiner Verurteilung vor dem Essener Schwurgericht ließ Lecki wissen, daß er es in der Haft niemals aushalten würde, daß er nicht »haftgewohnt« sei und »hinter Gittern nicht leben« könne. Der Psychologe attestierte Lecki in seinem Gutachten eine »tiefe Strafangst«, latente Fluchtabsichten vor der Strafverbüßung. Gefängnismauern waren Alfred Lecki ein Horror. Doch das war nicht erst seit dem Weihnachtsausbruch von 1969 hinlänglich bekannt.

Bereits im August 1968 war Lecki aus der Strafanstalt Berlin-Tegel ausgebrochen, nachdem er wegen eines Alkohol-am-Steuer-Unfalls zu zwei Jahren Gefängnis verurteilt worden war und ihm das Gericht den Führerschein auf Lebenszeit entzogen hatte. Lecki hatte eine ganze Serie von Verkehrsdelikten auf dem Kerbholz, seit er als Minderjähriger immer wieder ohne Führerschein beim Autofahren erwischt worden war.

Der zu lebenslanger Haft verurteilte Alfred Lecki machte seinem Image als Deutschlands »Ausbrecherkönig Nummer Eins« noch zweimal alle Ehre und gelangte, nachdem er schon vergessen schien, wieder in die Schlagzeilen.

4. Oktober 1983: Alfred Lecki, der sich zu einem ruhigen Häftling, der viel las und leidenschaftlich Schach spielte, entwickelt hatte, bekam Hafturlaub. Während eines Einkaufsbummels in einem Bonner Kaufhaus entwischte er im dichten Gedränge einem Sozialpädagogen, der ihn begleitete. Lecki tauchte unter und blieb bis zum Dezember 1984 in Freiheit. Ausgerechnet ein früherer Zellenkumpane erkannte Lecki und verpfiff ihn an die Polizei. In Köln wurde der »Ausbrecherkönig« erneut verhaftet.

21. September 1986: Alfred Lecki war in die chirurgische Abteilung der Universitätsklinik Bonn eingeliefert worden. Er sollte noch einmal am Bein operiert werden, einer verpfuschten Verletzung, die sich der »Ausbrecherkönig« während seiner letzten Flucht bei einem Motorradunfall zugezogen hatte. Dem bereits genagelten Bein drohte eine Blutvergiftung. Lecki ging an Krücken. In seinem Krankenzimmer saß ständig ein bewaffneter Polizeibeamter, obwohl niemand ernsthaft daran glauben wollte, daß der hum-

pelnde Kranke, der zwischenzeitlich auch noch einen Herzinfarkt erlitten hatte, noch einmal flüchten könnte. Weit gefehlt.

Lecki gelang erneut die Flucht, und die nordrhein-westfälische Justiz geriet in eine Krise, umrankt von Schuldzuweisungen, Dementis, Versetzungen. Sogar von einem Justizskandal war die Rede an Rhein und Ruhr. Wie, um Himmels willen, konnte diese Flucht gelingen? Schnell stellte sich heraus, daß es in Leckis Krankenzimmer zuging wie in einem »Taubenschlag«. Laufend empfing der »Lebenslängliche« Besuch, erhielt Geschenke aller Art, konnte ungestört und nach Herzenslust nach draußen telefonieren. So wunderte es nicht, – und das war die Version des wachhabenden Beamten –, daß Lecki plötzlich unter der Bettdecke eine langläufige Waffe hervorzauberte, den Polizisten entwaffnete, fesselte, ihm die Autoschlüssel abnahm und sich eine Positionsbeschreibung seines auf dem Parkplatz abgestellten Fahrzeugs geben ließ, ihn mit K.o.-Tropfen außer Gefecht setzte und dann seelenruhig in der Anstaltskleidung den Krankenhaus-Parkplatz betrat und davonfuhr.

Lecki freilich präsentierte nach einer neuerlichen Verhaftung durch ein Spezialkommando der Polizei auf der Nordseeinsel Sylt seine Version des Ausbruchs aus der Klinik: Nachdem sein Bewacher vor dem Fernseher eingenickt war, habe er ihn entwaffnet, gefesselt, ihm einige Spezialtropfen verabreicht, den Autoschlüssel an sich genommen und sei geflohen. Das alles – so Lecki – sei wenige Minuten vor einem »Tatort«-Krimi geschehen, den er sich eigentlich gemeinsam mit seinem Bewacher habe anschauen wollen. Krimi Kintopp, Krimi live . . . .

EIN ASTROLOGE UND VIER TOTE

Die Morde des Arwed Imiela

Ein Angeklagter wie aus dem Ei gepellt, stets korrekt in Garde-Erobe und Auftreten, das weiße Hemd, der hellbraune Anzug, die schicke Krawatte, die klare Brille, das wohlfrisierte Haar. Höflich, zuvorkommend und immer seine Unschuld beteuernd: Arwed Imiela, Mitvierziger, der freundliche Herr von nebenan, »Herr Kaiser« der Versicherung, ein Gentleman, dem man ohne zu Zögern die Versicherungspolice gegenzeichnen, dem man selbstverständlich das gebrauchte Auto abkaufen würde, weil man einem solchen Menschen doch vertrauen kann. Vertrauen, wohlgemerkt! »Ich habe mich stets konsequent an die Wahrheit gehalten, Herr Staatsanwalt.« Und: »Ich habe weder gefälscht noch getötet.«

Der psychiatrische Gutachter beschrieb in Arwed Imiela keineswegs den blutrünstigen Mörder: »Er ist so normal wie die meisten anderen Menschen auch, voll zurechnungsfähig und voll verantwortlich im strafrechtlichen Sinne. Unterstellt, er hätte die ihm zur Last gelegten Taten begangen, sind auch sexuelle Motive oder Affekthandlungen auszuschließen. Er besitzt keine vorgegebenen verbrecherischen Anlagen. Aggressive Verhaltensweisen liegen ihm fern. Sollte der Angeklagte die Taten begangen haben, käme eine Giftbeimischung am ehesten in Frage.« Aber niemals dieses grauenhafte, ihm zur Last gelegte Vorgehen gegenüber seinen Opfern, nie und nimmer. Nein, der Mann war weder verrückt noch unzurechnungsfähig. Vielleicht hatte er Probleme mit der Realität, mit der Wahrheit, der Lüge, der Phantasie, wurde über Monate hinweg mit solchen Ungeheuerlichkeiten konfrontiert, daß er möglicherweise nicht mehr wußte, was geschehen war, konnte nicht mehr richtig rekonstruieren, mußte zutiefst verdrängt haben. Ein seltsamer Mensch, dieser Arwed Imiela. Er wirkte so gut wie nie betroffen,

80

trotz der ungeheuerlichen Anschuldigungen, er verteidigte sich nicht, machte wochenlang vom Aussageverweigerungsrecht Gebrauch, plapperte plötzlich eher wir drauf los, redete sich um Kopf und Kragen, aber beteuerte stets seine Unschuld.

Für die Presse war der in Pommern geborene Arwed Imiela – Scheidung der Eltern, »Irrfahrt zwischen Vater und Mutter«, krumme Geschäfte, Hochstapelei, zwei Ehen – von Anbeginn eine schillernde Figur, schon aus seiner jüngsten Vita heraus. Imiela arbeitete als Astrologe, fertigte Horoskope an, las aus den Sternen und konnte, endlich mit einem »Diplom« versehen, als Pseudo-Akademiker auftreten und dabei noch recht gut verdienen, hatten ihn doch das schlechte Elternhaus und die Wirren der Kriegs- und Nachkriegsjahre um Gymnasium und Studium gebracht. Die Aura des Geheimnisvollen, Unangreifbaren umgab den Astrologen, der sich selbst nach zwei Jahren Gefängnis wegen Betrugs und Urkundenfälschung zu Höherem berufen fühlte. Eine Figur, geschaffen für blutrünstige Boulevard-Reportagen, verwoben mit Sex, Sternen und Geschäften, für eine skrupellose Presse, die nichts und niemanden in ihrer Berichterstattung schonte.

»Arwed Imielas Begegnung mit der Astrologie ist der Wendepunkt seines Lebens. Er erlebt ihn ohne Distanz – geschweige denn Ironie – als Erfüllung, als Überwindung der Realität, von der er sich bedroht fühlte, weil er sich ihr nicht stellen konnte,« notierte Gerhard Mauz in einer Titelgeschichte des »Spiegel« (22/1973) zur Verurteilung des Astrologen Arwed Imiela. »Die höheren Weihen, derer er nun teilhaftig ist, entrücken ihn der Welt, die ihn nicht sein ließ, in der er nichts war. Er bestimmt jetzt, was ist und was nicht ist. Die Sterne sprechen durch ihn. Ihn quält nun nicht mehr die Kluft zwischen Sein und Schein. Diese Kluft gibt es für ihn nicht mehr. Er ist Arwed Imiela, der notwendig Geheimnisvolle, nicht zu Fassende. Sein Defekt ist nun seine Leistung.«

Und die mußte er bringen. Er verdiente gut, gab viel aus, finanzierte sich aus zahlreichen dunklen Kanälen, wirkliche Klarheit über seine wirtschaftlichen Verhältnisse gab der Schweiger vor Gericht nicht Preis. Er liebte Sportwagen, ging leidenschaftlich gern zur Jagd, hatte einen Waffentick und ließ sich von seiner Frau scheiden, die trotz aller krummen Dinge des Astrologen über die Jahre hinweg treu zu ihm gehalten hatte. Ende der sechziger Jahre.

Der Beruf des geheimnisumwitterten Astrologen und Sterndeuters, sein Lebenswandel mit dem Image des »Herrenjägers und Millionärs«, des Sportwagenfahrers und Pächters eines 140 Hektar großen Jagdreviers auf der Insel Fehmarn, verbunden mit den ihm zur Last gelegten Kapitalverbrechen, Morde, ließ die Presse dieser Wochen zur erbarmungslosen Meute werden, die im sensationsfiebernden Publikum des Lübecker Schwurgerichtssaals dann ihren Höhepunkt an Emotionen fand. Das Publikum weidete sich an der immer enger werdenden Schlinge am Hals des einerseits heimlich bewunderten, andererseits für verabscheuungswürdig gehaltenen Armed Imiela. Dabei beruhte der Lübecker Prozeß ausschließlich auf Indizien.

Für die Presse war Armed Imiela schon der skrupellose Mörder, als die Mordanklage noch nicht einmal formuliert war. Er war längst verurteilt, vorverurteilt, hing schon, bevor die Hauptverhandlung gegen ihn Anfang Oktober 1972 überhaupt begann. Er stand am Pranger schon lange vor dem Urteil. Am 23. April 1970 war Arwed Imiela ursprünglich wegen Betrugs und Urkundenfälschung verhaftet worden. Noch bevor er selbst von der anschließenden Mordanklage erfahren hatte, begann — so der »Spiegel« — »die Schnelljustiz des Deutschen Zeitungsgerichtshofes«, allen voran die Münchner »Abendzeitung« mit Bild und Schlagzeile zum »Blaubart von der Ferieninsel«. Bis zu 16 »unaufgeklärte Frauenschicksale« wurden, so berichtete der »Spiegel«, mit dem Sterndeuter in Verbindung gebracht, alles wurde ihm angedichtet, mal war er Ostagent, dann wieder sexbesessen, immer faszinierend galant und bestialisch brutal. Ganz aus dem die billigen Krimis sind — und die wurden Tag für Tag frei Haus geliefert, ein Vorgeschmack auf die Fernseh-Serien-Welt der Achtziger Jahre. Denn Arwed Imiela sollte vier Frauen ermordet haben, aus Habgier, Raffsucht, skrupellos.

Bereits zweieinhalb Jahre saß Arwed Imiela in Untersuchungs-

82

haft, bevor der spektakuläre Indizien-Prozeß vor dem Lübecker Schwurgericht gegen ihn begann. Die Sonderkommission der Kriminalpolizei und die Staatsanwaltschaft hatten nichts unversucht gelassen, um den Astrologen des Mordes an vier Frauen zu überführen, an zwei Frauenpaaren, jeweils Mutter und Tochter. Denn die Frauen waren spurlos verschwunden, während sich große Teile ihrer Gelder und persönlich wertvollen Gegenstände plötzlich im Besitz des Astrologen wiederfanden – Geschenke seiner Klienten, wie Imiela immer wieder versicherte, denn schließlich verstand er sich als Lebens- und Anlageberater dieser Frauen.

Imiela hatte Kontakt zu allen vier Frauen, engen Kontakt. Auf eine Annonce hin bestellte die Frankfurter Frau eines Kaufmanns, Annemarie Schröder (47), bei dem Diplom-Astrologen ein Horoskop. Man lernte sich kennen, mochte sich. Frau Schröder, ohnehin in Scheidung lebend, ging aus der Trennung von ihrem Mann recht wohlhabend hervor, ganz nach dem Geschmack ihres wohldotierten Lebensberaters. Im Januar 1969 war Annemarie Schröder spurlos verschwunden. Zuvor hatte sie Hausstand und Villa, in der auch Imiela zeitweise gewohnt hatte, verkauft und war in den angemieteten Bungalow ihres Sterndeuters auf die Ostseeinsel Fehmarn gezogen, wo Imiela auf großem Fuß mit Imponiergehabe lebte. Frau Schröder sei, so hieß es, ebenso wie ihre aus dem württembergischen Geislingen stammende Mutter Anna-Maria Kieferle (75), die ebenfalls Haus und Hausstand aufgegeben hatte, um ihrer Tochter zu folgen, für längere Zeit ins Ausland verreist. Frau Kieferle war sogar schon seit Dezember 1968 nicht mehr gesehen worden. Imiela spielte nur noch den Generalbevollmächtigten der Frauen, der gegenfalls Nachsendeadressen und Post auf den Weg zu bringen hatte.

Imiela zog nach Reinbek bei Hamburg und lernte die 24jährige Ulrike Roland kennen, seine Lebensgefährtin für die nächsten 14 Monate. Sie bewunderte ihren Arwed, sein Wissen, sein Auftreten, die Autos, die Komfortwohnung, das Jagdrevier, das Playboyhafte und die Einführung in die Hamburger Jagdgesellschaft, haßte aber von Anfang an sein »Paschagehabe«. Schon nach der zweiten

Begegnung beschloß das ungleiche Paar zu heiraten, verlobte sich. Durch Ulrike lernte Arwed Imiela deren Tante Ilse Evels (47) aus Westercelle und ihre Tochter Urte (19) kennen. Durch den tödlichen Unfall ihres Mannes waren Ilse Evels Geld und Versicherungspolicen zugefallen, sie war wohlhabend. Imiela freundete sich mit Ilse Evels an, ebenso mit Urte, übernahm auch deren Lebensberatung und näherte sich der Tochter. Es kam zu einer zwischenzeitlichen Trennung des Astrologen von seiner Verlobten, die er kurzerhand für einige Wochen vor die Tür setzte. Im Dezember 1969 versöhnte sich das Paar dann wieder, und Ulrike Roland entdeckte, in die gemeinsame Hochhauswohnung zurückgekehrt, zahlreiche Gegenstände aus dem Besitz ihrer Tante, auch solche, von denen sie meinte, daß sie Ilse Evels niemals freiwillig aus den Händen gegeben hätte.

Für Arwed Imiela war auch dieses kein Problem: Tante und Cousine befanden sich auf Reisen und hatten ihm, ihrem Generalbevollmächtigten Arwed Imiela, volle Befugnisse über die Konten und Geldgeschäfte während ihrer Abwesenheit übertragen.

Arwed Imiela drängte, aufgrund eines von Ilse Evels unterzeichneten Schreibens, die Kreissparkasse im niedersächsischen Celle, ihm, dem Generalbevollmächtigten, das Effektendepot der Frau im Wert von 150.000 Mark auf sein Konto zu übertragen. Der Sachbearbeiter der Sparkasse begann mißtrauisch zu werden, als Ilse Evels, trotz wiederholter Aufforderung, nicht persönlich erschien und Arwed Imiela eine immer härtere Gangart bis hin zu Prozeßdrohungen gegen die Kreissparkasse anschlug. Die Sparkasse recherchierte auf eigene Faust und erstattete gegen Imiela Anzeige wegen Betrugsverdachts. Im April 1970 wurde Arwed Imiela verhaftet.

Wenig später dann der grausame Fund: Suchtrupps entdeckten in einer sogenannten Ludergrube im Jagdrevier des Arwed Imiela auf der Insel Fehmarn, in der angeblich Nerzkadaver als Köder für Füchse liegen sollten, die verstümmelten Leichen zweier Frauen. Die Köpfe, die Arme und ein Bein fehlten. Die toten Körper, und daran bestand nach wissenschaftlichen Untersuchungen keinerlei

84

Zweifel, waren Frau Evels und Tochter Urte. Eine gigantische Suchaktion, so wie es sie in der Geschichte der Bundesrepublik zuvor kaum gegeben hatte, folgte. Flieger und Pioniere der Bundeswehr suchten wochenlang die Insel Fehmarn ab, Luftbildaufnahmen von möglichen Vergrabungsstellen wurden angefertigt, speziell eingeflogene Polizeihunde, dressiert auf das Aufspüren verwesender Leichen, wurden eingesetzt, Brunnen und Teiche ausgepumpt, Gärten und Anlagen früherer Domizile Arwed Imielas Zentimeter für Zentimeter umgegraben, ausgehoben und untersucht.

Vergeblich: Weder die fehlenden Leichenteile noch die für ebenfalls als ermordet angesehenen Leichen Annemarie Schröders und Anna-Maria Kieferles wurden gefunden. Beide Frauen sind bis zum heutigen Tag nicht wieder aufgetaucht. Für die Anklage stand fest: Der Astrologe Arwed Imiela hatte diese vier Frauen aus Habgier getötet, sie – soweit gefunden – zerstückelt, verscharrt und sich an deren Vermögen in Höhe von rund 340.000 Mark bereichert.

Am 24. Mai fiel das Urteil in diesem sieben Monate dauernden, aufsehenerregenden Indizienprozeß, in dem über 250 Zeugen ausgesagt hatten und 20 Sachverständige gehört worden waren. Nach 52 Prozeßtagen hieß es: »Der Angeklagte wird wegen Mordes in vier Fällen zu einer lebenslangen Freiheitsstrafe verurteilt.« Das Netz der Indizien hatte sich immer dichter über Arwed Imiela gelegt, wenngleich der Sterndeuter in den letzten Prozeßtagen vehement versucht hatte, seine Ex-Verlobte Ulrike Roland als Täterin zu belasten. Da waren die Leichenteile seiner Opfer, tauchte im Umfeld Imielas nahezu alles auf, was den verschwundenen Frauen gehört hatte – Geld, Möbel, Autos, Schmuck, Kleider –, bestätigten die graphologischen Gutachter von Imiela getätigte Unterschriften-Fälschungen unter Scheck- und Überweisungsformularen der Ermordeten und wurde die Schreibmaschine Imielas sichergestellt, mit der Briefe getippt worden waren, die die Opfer angeblich im Ausland aufgegeben hatten. Selbst eine Säge, mit der die Leichen zerlegt worden sein sollen, sowie verschiedene mögliche Blutspuren der Toten wurden bei Imiela gefunden.

Für das Gericht gab es an Imielas Schuld keinerlei Zweifel. Die ansonsten brillierende Verteidigung des Sterndeuters stand auf verlorenem Posten. Ein Revisionsantrag Imielas wurde im Dezember 1974 vom Bundesgerichtshof in Karlsruhe als »offensichtlich unbegründet« verworfen.

Gerhard Mauz zur Verurteilung Arwed Imielas im »Spiegel« (22/73): »Arwed Imiela hat das Fortleben von vier Frauen vorgetäuscht, wie gefälschte Papiere beweisen, aus deren totalem Verschwinden er allein totalen Vorteil zog. Daß erst die Hartnäckigkeit der Kreissparkasse Celle den Tatkomplex sichtbar machte, ist nicht unerklärlich: Er lag allzu offen. ›Vom perfekten Verbrechen kann wohl nicht die Rede sein‹, sagte der Psychiater Professor Krause, Hamburg, als Gutachter in Lübeck. So kann nur vier Frauen aus ihrem Lebenskreis herauslösen, aus der Realität verschwinden lassen, wer wie Arwed Imiela auf die Realität nicht Rücksicht zu nehmen versucht, weil es für ihn keine Realität, sondern nur die eigene, selbstgeschaffene Wirklichkeit gibt. Arwed Imiela strengte wegen des Effektendepots von Ilse Evels noch einen Prozeß gegen die Kreissparkasse Celle an, als er schon wußte, daß diese Nachforschungen anstellte.«

86

VERWEIGERN AM DOPPELTEN OXER

Die Entführung des Hendrik Snoek

Er war bekannt, beliebt und ein Sonnyboy, ein erfolgreicher Springreiter und ein von Erfolg verwöhnter Millionärssohn, aus gutem Haus, intakten Familienverhältnissen, gebildet und Juniorchef. Sein Himmel strahlte unaufhörlich, das Glück schien auf dem Rücken der sündhaft teuren Pferde zu liegen, das väterliche Unternehmen verhieß eine schillernde Zukunft, der geborene Millionenerbe, sorgenfrei. Nicht nur in der Münsteraner Gesellschaft galt Hendrik Snoek als blendende Partie, auch in den Phantasien der »einfacheren Kreise« hatte der junge, sportliche Mann das Image des »idealen Schwiegersohns«. Sein Kidnapping schockte, schreckte und faszinierte gleichermaßen.

Die »Frankfurter Allgemeine Zeitung« vermeldete am 7. November 1976, kurz nach der Befreiung des Springreiters, unter der Überschrift »Angekettet wie das Vieh auf dem Schlachthof«: »Der Fall Hendrik Snoek in Münster bereitet der Polizei sehr viel mehr Kopfzerbrechen als ähnliche Entführungsfälle mit Lösegelderpressung in längerer oder jüngerer Vergangenheit. Er ist nach allem, was man bisher weiß, kaum mit den Fällen Albrecht in Essen, Jahn in München und Gutberlet in Kassel zu vergleichen, wo die im Effekt erfolglosen Täter jeweils sieben, drei und zwei Millionen Mark für die Freilassung ihrer Geiseln verlangten und erhielten … Die Täter, nach denen die Polizei seit dem vergangenen Freitag erfolglos fahndet, sind im Gegensatz zu früheren Fällen durch anderes Verhalten gekennzeichnet: kaltblütiger, vielleicht auch routinierter, mit Sicherheit aber brutaler und seelenloser.«

3. November 1976, Münster in Westfalen: Zwei maskierte Männer machen sich an der Eingangstür eines Appartements in der Dürerstraße 2 zu schaffen. Es ist 2.30 in der Nacht. Mit einem

Stahlrohr knacken sie das Türschloß. Sekunden später stehen sie am Bett des fest schlafenden Springreiters und Millionenerbens Hendrik Snoek. Mit einer Stablampe blenden sie ihr Opfer, Snoek muß sich blitzschnell anziehen, auf den Rücken legen, seine Hände werden mit Klebeband auf dem Rücken gefesselt. Er wird geknebelt. Die Kidnapper bedrohen Snoek mit einer Doppelflinte und einer Pistole. Lift, Tiefgarage. Sie verfrachten ihr Opfer auf den hinteren Sitz eines kurz zuvor aufgebrochenen Mercedes 280 S eines Hausbewohners, ziehen ihm einen Mantel über den Kopf, fesseln seine Füße und rasen davon.

Die Fahrt geht in raschem Tempo auf die Autobahn Richtung Ruhrgebiet, dann auf die Sauerlandlinie. Kurz hinter Dillenburg verläßt der Mercedes die Autobahn, fährt seitlich an die Ambachtalbrücke bei Herborn heran. Die Ambachtalbrücke ist eine jener modernen Autobahnbrücken, die unter den Fahrspuren einen großen Hohlraum bzw. Betonschacht haben, für Reparaturarbeiten und Ernstfälle, verschlossen durch Stahltüren. Die drei Personen klettern in die Brücke und in den etwa 200 Meter langen stockdunklen Schacht, 55 Meter über dem Tal und nur wenige Meter unterhalb der meterdicken Beton-Fahrbahndecke. Die Kidnapper legen ihrer Geisel eine in zwei Meter Höhe zuvor in die Wand eingelassene, schwere, fünf Meter lange Eisenkette um den Hals und zerstören durch Hammerschläge die Gewinde der Verschlußschrauben. Es gibt kein Entrinnen. Snoek ist gefesselt wie ein Galeerensträfling. Der Kettenauslauf für den Jungmillionär beträgt ganze drei Meter. Seine Entführer hinterlassen ihm ein halbes Dutzend Tafeln Schokolade, Kekse, einige Flaschen Wasser, Toilettenpapier, 20 kleine Kerzen, einen Kugelschreiber, Papier und die Uhr. Und sie teilen ihm eiskalt mit: »Wir sehen uns nie mehr wieder.«

»Ich war angekettet wie ein Stück Vieh, das auf den Schlachter wartet«, schilderte Snoek später nach der Befreiung der vor Neugierde brennenden Öffentlichkeit, die nicht genug bekommen konnte vom schaurigen Spiel. »Ich ging stundenlang hin und her wie ein gefangenes Tier.« Seine Lage schien aussichtslos, der Springreiter hatte Todesangst, niemand konnte ihn hören, denn

88

über ihm brummten die Laster. »Das ohrenbetäubende Dröhnen war nervenzerreißend.« Es war kalt im Beton, feucht und zugig. Hendrik Snoek schrie um Hilfe, aber niemand im tiefen Tal konnte ihn hören. Alles sah danach aus, als würden die Kidnapper den Tod ihres Opfers in Kauf nehmen. 55 Stunden verbrachte der smarte, aber gut durchtrainierte Springreiter in seinem Autobahn-Verlies.

Währenddessen tritt das Kidnapping in seine entscheidende Phase. Die beiden Entführer verlangen von Vater Snoek fünf Millionen Mark Lösegeld für die Freilassung des Juniors. Durch einen telefonischen Hinweis der Gangster noch am Vormittag der Entführung, findet die Mutter in einem abgestellten Auto in der Innenstadt von Münster eine Notiz, von Hendrik unterschrieben. Keine Polizei, keine Verhandlungen, keine Presse, fünf Millionen Mark, wenn ihnen das Leben des Sohnes lieb ist. Auf diesem mit einer Schreibmaschine getippten Erpresserschreiben steht noch eine handschriftliche Fußnote des Entführten: »Lieber Vater, man hat mir das Ehrenwort gegeben, daß mir nichts passiert. Ich hoffe, daß alles glatt läuft. Das Geld soll in meinem Wagen übergeben werden.«

Geld haben die Snoeks reichlich – und das wissen auch die Kidnapper. Egbert Snoek ist mit 76 Prozent beteiligter Gesellschafter der Terfloth und Snoek GmbH, der die Supermarktkette »Ratio«, ein fester Begriff in Ruhrgebiet und Münsterland, gehört. Bei einem Umsatz von 1,2 Milliarden Mark und einem Jahresüberschuß von rund 25 Millionen Mark ist bei den Snoeks allerlei zu holen. Und der Vater verkündet später nach der Freilassung des Sohnes zur Höhe des Lösegeldes: »Bei der Größe unseres Unternehmens sind fünf Millionen Mark keine Lebensfrage.«

So steht für den »alten« Snoek auch ohne jedes Wenn und Aber fest, die Polizei möglichst außen vor zu lassen, um das Leben Hendriks nicht in Gefahr zu bringen, das Geld also ohne polizeiliche Observierung zu übergeben. Er lehnt alle Tricks, die Gangster hereinzulegen, ab, geht auf die Lösegeldforderung ein, aber droht den Entführern unmißverständlich: »Für den Fall, daß Sie meinem Sohn etwas zufügen, sage ich Ihnen als harter Unternehmer, daß ich Sie ein Leben lang mit allen Mitteln überall auf der Welt suchen werde, um Ihnen das gleiche zuzufügen oder zuzufügen zu lassen.«

Noch einmal klingelt auf dem Gutshof der Snoeks in Albersloh bei Münster das Telefon. Über Tonband, das die Entführer kurz nach dem Kidnapping von Hendrik haben besprechen lassen, gibt dieser detaillierte Weisung, wie das Geld am Westhofener Autobahnkreuz auf der Autobahn zwischen Hagen und Lüdenscheid zu übergeben sei. Breido Graf zu Rantzau, ein enger Freund und Reiterkamerad Hendriks, der wenige Monate später die Schwester des Entführten, Elke, heiraten sollte, überbringt den Kidnappern knapp 48 Stunden nach der Entführung die fünf Millionen in Tausendmarkscheinen.

Von all dem wußte Hendrik Snoek nichts. Immer wieder versuchte er sich aus seinem Betonbunker heraus in irgendeiner Weise verständlich zu machen. Durch den kleinen Spalt, der ihn ins tiefe Tal blicken ließ, schrie er, wenn er Menschen sah – vergebens. Und immer noch donnerten über ihm die Autos auf der stark befahrenen Sauerlandlinie. Er knüpfte allen Stoff zusammen, den er greifen konnte und winkte aus dem Mauerloch: Mantel, Taschentuch und Hemden. Er beschrieb Zettel mit Hilferufen, warf sie hinunter, aber niemand nahm davon Notiz. Dann ließ er die Toilettenrollen als Fahnen ins Ambachtal wehen – und plötzlich hatte er Erfolg. Ein Steinbrucharbeiter entdeckte den Hilfesuchenden im Brückenschacht. Polizei und Arbeiter der Brückenmeisterei befreiten Hendrik Snoek schließlich aus seinem Gefängnis und von seiner schweren Kette, die sie ihm vom Hals schweißen mußten.

Die »Soko Snoek« wurde auf über hundert Beamte des Bundes- und des Düsseldorfer Landeskriminalamtes verstärkt, eine hohes Lösegeld für die Ergreifung der Kidnapper ausgesetzt, denen die Staatsanwaltschaft versuchten Mord unterstellte, weil sie nach der Geldübergabe nicht von sich aus das Verlies des Springreiters bekannt gegeben hatten. Die Fahndung lief auf Hochtouren, die Polizei geriet unter Erfolgsdruck. Weit über Tausend Hinweisen wurde nachgegangen, mehr als 2000 Menschen wurden überprüft, vergeblich. Anhaltspunkt der Polizei: Die Täter mußten das

»Innenleben« der riesigen Autobahnbrücken kennen, also im Umfeld Bau und Beton zu suchen sein. Für die Fahnder wurde eigens ein bis ins letzte Detail rekonstruierter Film mit Hendrik Snoek in der Hauptrolle gedreht, damit die Entführung von den Kriminalisten noch einmal sinnlich nachvollzogen werden konnte. Eduard Zimmermanns Fahndung in »Aktenzeichen XY . . . ungelöst« blieb ebenso ohne Ergebnis, wie die zahlreichen Verhaftungen aufgrund von Denunziationen, für die die Polizei massiv kritisiert wurde. Die »Welt« am 7. März 1978 rückblickend zum ermittelnden Staatsanwalt im »Fall Snoek«: »In Siegen und Berlin nahm er einen Autohändler und vier seiner Angestellten fest, die von einem Konkurrenten denunziert worden waren. Er ließ Familien verhören und Wohnungen durchsuchen, gab die Namen der Leute an die Presse und machte dann einen Rückzieher: Am nächsten Tag mußte er alle wieder laufen lassen.«

Dann, Anfang Februar 1977, schien man die Kidnapper gefaßt zu haben. Während der Etatberatungen im Düsseldorfer Landtag unterbrach der damalige nordrhein-westfälische Ministerpräsident Heinz Kühn (SPD) die Debatte und verkündete unter dem tosenden Applaus der Abgeordneten, daß es der »guten Arbeit« der Polizei zu verdanken sei, daß sie im »Fall Snoek« zwei entscheidende Verhaftungen hätte vornehmen können. Da hatten sie den arbeitslosen Anstreicher Reinhard Szameitat aus Düsseldorf und dessen Freund Peter Graef gefaßt, eine »vorzeitige Festnahme unter dem Druck der Boulevardpresse«, die sich später als fatal herausstellen sollte. Über plötzlich aufgetauchte numerierte 1000-Mark-Scheine aus der Lösegeldbeute war die Polizei den beiden mutmaßlichen Tätern auf die Spur gekommen, in einem Sitzkissen in der Wohnung Szameitats entdeckte die Polizei 223.000 Mark aus der Lösegeldsumme. Allerdings: Bei Peter Graef, der Szameitat bei einer gemeinsam verbüßten Haftstrafe kennengelernt hatte, fand die Polizei lediglich einen einzigen Tausendmarkschein. Obwohl vieles für die beiden Täter sprach, stritten sie die Entführung vehement ab und gaben vor, das Geld im Wald gefunden zu haben.

Aber die Polizei wollte nicht locker lassen. Sie reihte Indiz an

Indiz und harrte des Prozesses, als sich Szameitat, der eine Tatbeteiligung bis zuletzt bestritten hatte, am 30. Mai im Fensterkreuz seiner Zelle erhängte. An die Zellenwand hatte er den Satz gekritzelt: »Ich fliege schon mal voraus.« »Wenige Tage später wurde Lagerarbeiter Peter Graef vom Haftrichter ohne jede Auflage aus der Haft entlassen: Haftverschonung. Die Polizei flippte aus, obwohl sie insgeheim auch darauf spekuliert, an eventuelle Hintermänner zu gelangen.

Doch Graefs Freiheit währte nur kurze Zeit. Hendrik Snoek hatte gerade auf seinen Pferden Asterix und Gaylord in Berlin die Deutsche Meisterschaft der Springreiter und im englischen Hickstead zwei schwierige Springen gewonnen, da wurde Peter Graef mitten in Münster von mit Maschinenpistolen bewaffneten Polizisten erneut verhaftet. Im Mai 1978 kam es zu einem umstrittenen Indizien-Prozeß. So sicher es inzwischen schien, daß Szameitat an der Tat beteiligt gewesen sein mußte, z.B. wurde der Erpresserbrief auf seiner Schreibmaschine geschrieben, so vage waren die Vorbringungen gegen Graef, den Vater zweier Kinder, der in der Nähe Düsseldorfs glücklich verheiratet war. Ihm wurde ein äußerst zweifelhafter Prozeß gemacht, den die »FAZ« so überschrieb: »Nichts sprach für den Angeklagten.« »Der Richter räumte denn auch ein, daß Hintermänner im Spiel gewesen sein könnten. Eine Parallele zum »Oetker-Prozeß« zeichnete sich ab.

Graef wurde verurteilt: Zu 13 Jahren Freiheitsstrafe wegen Erpressung von fünf Millionen Mark Lösegeld sowie gefährlicher Körperverletzung. In seinem Schlußwort beteuerte Graef noch einmal eindringlich seine Unschuld. Schwerwiegendstes Indiz gegen Graef: Die Eisenkette, mit der Hendrik Snoek gefangengehalten worden war, stammte aus dem Solinger Betrieb, in dem der Lagerarbeiter zuletzt gearbeitet hatte. Aber, so versicherte Graef immer wieder, er habe sie seinem Freund Reinhardt Szameitat zum Abschleppen besorgt. Und immer wieder wurde der bei Graef gefundene 1000-Mark-Schein aus der Lösegeldbeute als Indiz für seine Mittäter- bzw. Komplizenschaft angegeben. Zum Zeitpunkt des Urteilsspruchs fehlten vom Lösegeld noch 4,3 Millionen Mark.

92

Dann wurde es ruhig um den Fall Snoek, der vermeintliche Täter saß hinter Gittern, das Lösegeld war abgeschrieben. Doch urplötzlich, im Sommer, tauchten jede Menge 1000-Mark-Scheine aus dem Lösegeld auf, in Spiel-Casinos zum »Waschen«. Dort wurden sie gegen Chips getauscht und anschließend gegen unregistrierte Tausender zurückgewechselt. 800.000 Mark wechselten auf diese Weise von »heißem Geld« zu »sauberem Geld«. Alarm! Saß doch der Falsche im Gefängnis? Rührten sich nun die Hintermänner?

Und dann die Überraschung: Peter Graef legte ein umfassendes Geständnis ab. Jawohl, er habe Hendrik Snoek entführt und auch seinen Anteil an der Beute erhalten, 2,5 Millionen Mark. Seinem Zellennachbarn im Gefängnis Villich, einem Kölner Architekten, hatte der Snoek-Erpresser von seinem Coup erzählt, nachdem dieser sein Vertrauen erschlichen und ihm das Versteck entlockt hatte. Graef verriet dem Mithäftling, daß er die Millionen in der Nähe der Autobahn bei Hilden vergraben hatte. Als der Architekt im offenen Vollzug Hafturlaub erhielt, buddelte er das Geld aus, versuchte es über einen Mittelmann zu »waschen« und wollte sich mit seiner Ehefrau, einer Bekannten und deren Sohn in die Karibik absetzen. In Zürich konnte er mit mehreren hunderttausend Mark im Gepäck verhaftet werden. Das war für Peter Graef zu viel. Er packte aus. Das Geheimnis der versteckten restlichen 2,5 Millionen Mark seines Partners und Komplizen Szameitat hatte der wohl mit ins Grab genommen...

DER GEDUNGENE KILLER

Der »Fall Minouche«

Erbarmen zum Fest. Einige Tage vor Weihnachten 1985 ließ der nordrhein-westfälische Ministerpräsident Johannes Rau Gnade vor Recht ergehen. Nachdem noch im Sommer des Jahres das Oberlandesgericht Hamm eine vorzeitige Entlassung auf Bewährung des »lebenslänglichen« Felix Kamphausen aus der Haft verweigert hatte, machte der Ministerpräsident von seinem Gnadenrecht Gebrauch und schenkte dem seit zwei Jahren im offenen Vollzug befindlichen Kamphausen die volle Freiheit. Die Begnadigung kam 15 Jahre nach einer Tat, die Kriminalgeschichte schrieb, nicht vollends überraschend. Denn Felix Kamphausen, ein mäßig beschlagener Ganove mit begrenztem Horizont, hatte sich hinter Gittern zu einem respektablen Schriftsteller entwickelt, der vier Bücher veröffentlicht hatte, allesamt im Knast-Milieu angesiedelt, Lesungen abhielt und in Schriftstellerkreisen ein reges Interesse hervorrief, das nicht nur aus einer modischen Intellektuellen-Solidarität mit Gefangenen herrührte. Namhafte Schriftsteller wie Heinrich Böll und Luise Rinser setzten sich für Kamphausens Begnadigung ein, lobten seine Arbeiten, das Engagement und den vehementen Einsatz für Mitgefangene und seine Kritik am realen Strafvollzug der Bundesrepublik. Sie unterstützten seine Aktivitäten, die Ausbildung zum Verlagskaufmann und die Gründung eines eigenen, kleinen Verlages.

Die Justiz freilich ging formaljuristisch an ihren Deliquenten heran, des wohl ersten »Miet-Killers« in der Geschichte der Bundesrepublik, der seine Tat im Stile »eines eiskalten Killers nach amerikanischem Vorbild« ausgeführt hatte, wie es 1973 in der Urteilsbegründung hieß, und an dem ein Exempel statuiert werden sollte. Felix Kamphausen hätte aber nicht annähernd dieses öffent-

94

liche Interesse und die Publicity erzielt, wäre da nicht das schillernde Umfeld seiner Tat gewesen: ein Getränke-Millionär der Düsseldorfer Geld-Aristokratie, seine attraktive Frau, die aus erster Ehe eine Tochter mitgebracht hatte, die ihren Stiefvater über alle Maßen haßte, und der Geliebte der Millionärsgattin. Dazu mehrere Mordversuche, Gift und Schüsse. Der Stoff, aus dem die Serien sind, garniert mit einem Kapitalverbrechen.

Micheline Schubert, genannt »Minouche«, die attraktive Millionärsehefrau aus der schicken Düsseldorfer Szene, Anfang 30, hatte ihren Geliebten Dieter Ellenbeck, Mitte 20, bereits 1967 in einer Herren-Boutique an der Königsallee kennengelernt. Die beiden verliebten sich ineinander, sahen sich regelmäßig, auch in der Villa der Schuberts, immer dann, wenn Ehegatte Theo Schubert, Geschäftsführer und Gesellschafter einer großen Getränkefirma, auf Dienstreisen war. Theo Schubert, gerade 40 Jahre alt, als Minouche für Dieter Ellenbeck entflammte, wollte oder hatte tatsächlich von der Liaison seiner hübschen Frau mit dem Herrenausstatter nichts mitbekommen. Ganz im Gegensatz zur damals zwölfjährigen Stieftochter Micheline, die Minouche mit in die Ehe gebracht hatte. Sie wußte von Dieter Ellenbeck, mochte den Geliebten ihrer Mutter und haßte ihren Stiefvater umso mehr, der sie, so meinte das altkluge Kind, allzu kurz hielt, ihren Alltag maßregelte und ein guter Vater sein wollte.

Theo Schubert stand dem Dreigestirn im Wege, Ehefrau, Geliebter und Tochter begannen sich Gedanken darüber zu machen, wie sie den Getränkemillionär aus dem Wege räumen konnten. Aus der anfänglich eher flapsigen Idee wurde im Laufe der Zeit bitterer Ernst. Denn die Perspektive auf eine Liebe, die dann auch offen gezeigt werden konnte, auf ein zu erbendes Vermögen und ein freieres Leben, ließ die Mordpläne in den Hirnen immer detaillierter wachsen. »Im Hause Schubert war Thema Nummer 1 die Beseitigung des Herrn Schubert«, hieß es später in einer Vernehmung verschiedener Bekannter und Freunde von Tochter Micheline.

Am 12. Januar 1970 hatte Theo Schubert einen anstrengenden Tag hinter sich, Besprechungen, wichtige Kunden, Termingeschäfte.

Endlich Feierabend. Der Unternehmer fuhr vor der Garage seiner Villa vor, verließ den Wagen, um das Garagentor zu öffnen. Da fielen Schüsse, das peitschende Geräusch eines Kleinkalibergewehrs. 13 Kugeln wurden abgefeuert, ein Geschoß traf den Getränkemillionär, der vor der Garage schwerverletzt zusammenbrach. Die Kugel hatte ihm die Bauchdecke durchschlagen, Lebensgefahr.

Von Tat und Hergang schloß die Kriminalpolizei einen versuchten Raubmord schon nach ersten Überlegungen aus. Bereits wenige Stunden nach Beginn der Ermittlungen richtete sich der Verdacht auf den Geliebten der Minouche, auf Dieter Ellenbeck, der seinen Nebenbuhler Theo Schubert habe aus dem Weg räumen wollen. Nachdem Minouche, die ebenfalls verhaftet worden war, eingestand, von den Mordplänen ihres Geliebten gewußt, sie aber nicht ernst genommen zu haben, legte Dieter Ellenbeck ein Geständnis ab. Er gab zu, für 50.000 Mark zwei vermeintliche Killer gedungen zu haben, die Theo Schubert »umlegen« sollten. Nach den Schüssen auf Theo Schubert hatte sich Ellenbeck mit den beiden Killern, dem Spanier Angel Martin Ortiz und dem Frankfurter Zuhälter Felix Kamphausen noch in einem Düsseldorfer Kaffee getroffen, wo diese vorgaben, den Auftrag zur Zufriedenheit ausgeführt zu haben und von Ellenbeck eine Anzahlung von 20.000 Mark erhielten. Dieter Ellenbeck war wie vom Donner gerührt, als er von Minouche erfuhr, Theo Schubert sei knapp dem Tod entronnen und werde das Attentat überleben.

Die Staatsanwaltschaft ging davon aus, daß Minouche Schubert das Mordkomplott gegen ihren Mann gemeinsam mit Dieter Ellenbeck geschmiedet hatte. Beide wurden, dringend der Tat verdächtig, verhaftet, ebenso Ortiz und Kamphausen, die der Polizei schon wenige Tage nach dem Ellenbeck-Geständnis ins Netz gegangen waren. Kamphausen gestand, die Schüsse im Auftrag Ellenbecks auf Theo Schubert abgefeuert zu haben, beteuerte aber immer wieder, er habe den Getränkemillionär nicht wirklich verletzen und schon gar nicht töten wollen, sondern die Schüsse bewußt daneben plaziert, um das Attentat vorzutäuschen, Ellenbeck zu bluffen und so die Prämie von 50.000 Mark zu kassieren. Theo Schubert sei ihm

96

– so Kamphausen – unglücklicherweise in einen Schuß gelaufen. So sei es halt geschehen.

Die Vorwürfe gegen Minouche Schubert, Dieter Ellenbeck und Tochter Micheline, bezogen sich aber nicht nur auf den gescheiterten Mordanschlag durch die Unterweltler Kamphausen und Ortiz, sondern umfaßten weitere Versuche, Theo Schubert umzubringen, haarsträubende Versuche, die, wie es der ermittelnde Staatsanwalt formulierte, ihn »an ein Märchen aus 1001 Nacht oder an ein filmreifes Drehbuch erinnerten«. Mit nur einem Unterschied: es handelte sich keineswegs um ein Märchen, sondern um den handfesten Versuch, Theo Schubert zu ermorden.

Danach hatten Ellenbeck und Tochter Micheline bereits 1967, das Mädchen war gerade zwölfeinhalb Jahre alt, versucht, den schlafenden Theo Schubert mit einem selbstgebastelten Elektrogerät über Stromstöße umzubringen. Sie schlichen sich nachts ins Schlafzimmer des Millionärs. Während Micheline die ihr vertraute, am Bett des Herren wachende Dogge Pascha streichelnd in Schach hielt, versuchte sich Dieter Ellenbeck mit einem Stromkabel am Kopf Theo Schuberts. Doch kurz vor der Tat verlor Ellenbeck die Nerven. Der bis dahin unbescholtene Modevertreter konnte einfach nicht töten, auch nicht seinen Nebenbuhler. Nachdem auch noch Minouche mitten in den nächtlichen Mordversuch geplatzt war, brachen die Drei die Aktion ab, und Theo Schubert hatte von alledem nichts bemerkt.

Aber Ellenbeck gestand noch mehr: Danach hatte er im Herbst 1967 in einer Illustrierten von giftigen japanischen Fischen gelesen, die bei Genuß garantiert tödlich sein sollten. Der Geliebte der Minouche fackelte nicht lange und bestellte für 300 Mark bei einem japanischen Universitätsinstitut zwei dieser Todesfische. Bei einem Koch eines asiatischen Restaurants ließ er die Fische fachgerecht zerlegen und übergab Minouche in einem Glas die giftigen, lebensgefährlichen Innereien. Nachdem Minouche ihrem Gatten das Gift ins Essen gemischt hatte, verweigerte Theo Schubert die Mahlzeit, weil diese so einen unangenehmen Beigeschmack hatte, sie schmeckte schlicht nach Fisch. Das aber hinderte die Stieftochter nicht daran, weitere viermal den Versuch zu unternehmen, ihren Vater mit eben diesem giftigen Fisch umzubringen. Immer wieder mischte sie den Fisch unter den morgendlichen Haferschleim, den Theo Schubert nahezu ritualisiert zu sich nahm. Doch auch beim Frühstück klagte Schubert über den »widerlichen Fischgeschmack«, schob den Teller zur Seite und beschwerte sich schließlich sogar bei der Haferflockenfirma über die miserable Qualität ihres Produkts. Theo Schubert hatte nicht die leiseste Ahnung von diesen Attentaten, ahnte nicht, daß er wiederholt von Mord bedroht war. Der Staatsanwalt kopfschüttelnd: »Wenn wir nicht handfeste Beweise hätten, könnten wir diese Geschichten nicht glauben.«

Die Liebe zwischen Minouche und Dieter Ellenbeck entbrannte aber erst so richtig, nachdem Theo Schubert 1968 von der Liaison seiner Frau erfahren und von ihr unverzüglich die Beendigung dieses Verhältnisses eingefordert hatte. Nach einer zweimonatigen Unterbrechung kannte die Leidenschaft zwischen Minouche und Ellenbeck dann keine Grenzen mehr. Besonders für den Liebhaber stand jetzt fest: Theo Schubert mußte sterben.

Da kam ihm die Idee einen Killer zu dingen. Im Dezember 1968 kauften Minouche und Ellenbeck in Belgien ein auseinanderlegbares Kleinkalibergewehr mit Zielfernrohr, und der Modevertreter machte sich daran, einen Killer anzuwerben. Ein erster vermeintlicher Mordbube lehnte den Job Ende 1969 ab, nachdem ihm Ellenbeck nicht die von ihm geforderten 40.000 Mark bezahlen konnte. Anfang Januar des folgenden Jahres lernte er dann über einen Barkeeper das Killergespann Kamphausen/Ortiz kennen, handelte mit den »Herrschaften« ein Honorar in zwei Raten zu 20.000 und 30.000 Mark für den Fall der geglückten Tat aus — und das Schicksal nahm seinen Lauf.

Die Schüsse fielen, das Attentat schlug fehl, Theo Schubert wurde schwer verletzt, aber überlebte.

Die Öffentlichkeit, von den Gazetten wochenlang auf das Spektakel eingestimmt, wartete dem »Minouche-Prozeß« mit seiner einzigartigen Mischung aus Sex und Crime fieberhaft entgegen. Im

Februar 1972 trafen sich Minouche Schubert, Dieter Ellenbeck sowie die beiden Killer und der »Vermittler« vor dem Düsseldorfer Schwurgericht. Neugierige, voyeuristische Menschen und eine sensationsgierige Presse standen erwartungsvoll Spalier.

Was die Öffentlichkeit besonders faszinierte, war das Verhalten des dem Tode knapp entronnenen Getränkemillionärs. Er wollte nicht wahrhaben, was nicht wahr sein durfte, daß nämlich seine Frau in das Komplott des Dieter Ellenbeck verwickelt war. Nein, für Theo Schubert stand fest, Minouche habe von den zahlreichen Attentatsversuchen nichts gewußt. Er zahlte zur Freilassung seiner Gattin sogar eine Kaution in Höhe von 500.000 Mark, die der Haftrichter allerdings schon nach wenigen Tagen widerrief; Minouche Schubert verbrachte die Monate bis zum Prozeß mit lediglich einer kleinen Unterbrechung in Untersuchungshaft.

Auch während des Prozesses zeigte sich Theo Schubert verständnisvoll. Er sei davon überzeugt, seine Frau und seine Stieftochter (inzwischen in einem Internat in Süddeutschland) hätten mit den Mordanschlägen nichts zu tun. Dieter Ellenbeck wurde zur immer tragischeren Figur, zum in blinder Liebe und Leidenschaft nicht mehr zurechnungsfähigen »Spinner«, dem Minouche – so die Lesart der eleganten Wallonin – niemals wirklich eine mögliche Ehe in Aussicht gestellt haben wollte. Für Minouche Schubert war das Verhältnis zu Dieter Ellenbeck plötzlich nichts anderes als eine Episode. Sicherlich, Ellenbeck habe manchmal phantasiert, wie schön es doch wäre, wenn Theo Schubert nicht mehr leben würde, aber an einen Mordversuch habe sie, Minouche, niemals gedacht. Dieter Ellenbeck war auf der ganzen Linie geständig, gab zu, das Mordkomplott aus grenzenloser Leidenschaft inszeniert zu haben, Minouche Schubert bestritt vehement, mit den Mordversuchen irgend etwas zu tun gehabt zu haben. Und ihr Gatte glaubte den temperamentvollen, in französischem Akzent vorgetragenen Aussagen. Dabei hätte Minouche bei der »Scheidung durch Mord« den entscheidenden Vorteil gehabt: Sie hätte auf das Vermögen ihres Mannes nicht verzichten müssen. Dieter Ellenbeck stand allein und tragisch vor Gericht.

Nachdem aufgrund verschiedener juristischer Winkelzüge das Verfahren gegen den »Killer auf Bestellung«, Felix Kamphausen, vom »Minouche-Prozeß« abgetrennt worden war, ein Gutachten über die strafrechtliche Verantwortlichkeit von Kamphausen wurde für dringend geboten erachtet, kamen in den Urteilen die Beteiligten dieses »Gemisches aus Groschenroman, Eifersuchtsdrama und drittklassiger Komödie«, wie es die »Welt« am 24. Februar 1972 formulierte, relativ glimpflich davon. Dieter Ellenbeck wurde zu sechs Jahren Haft verurteilt, Minouche Schubert zu zwei Jahren, auf die ihre lange Zeit in der Untersuchungshaft angerechnet wurde, so daß die Millionärsgattin nach der Urteilsverkündung das Gericht am Arme ihres Mannes als freie Frau verlassen konnte. Komplizen und Auftraggeber des »Mordes auf Bestellung« waren allesamt Ende 1974 wieder auf freiem Fuß.

Tragischer nahm sich da das Schicksal des Felix Kamphausen aus, es wurde zu einer juristischen Sensation. Kamphausen wurde 1973 zu lebenslangem Zuchthaus verurteilt. Ihn traf die volle Härte des Gesetzes, da die Justiz ein Zeichen setzen und einer möglichen Killer-Mentalität nach amerikanischem oder Mafia-Vorbild in der Bundesrepublik einen eindeutigen Riegel vorschieben wollte. Obwohl Felix Kamphausen immer wieder beteuerte, er habe Theo Schubert eigentlich gar nicht töten wollen, verurteilte ihn das Schwurgericht zur Höchststrafe – nicht zuletzt, so waren sich die Prozeßbeobachter einig – wegen zahlreicher Verfahrens- und taktischer Fehler seines Rechtsanwalts Rolf Bossi, der den Fall offensichtlich auf die allzu leichte Schulter genommen und die Justiz falsch eingeschätzt hatte. Denn nachdem der Anstifter zum Mord mit sechs Jahren davongekommen war, konnte niemand ahnen, daß der Ausführende, dessen Anschlag zudem fehlgeschlagen war, zu »lebenslänglich« verurteilt werden würde, mit der Begründung, er sei nicht resozialisierbar.

Rolf Bossi kommentierte dieses Mißverhältnis im Strafmaß laut »Frankfurter Rundschau« vom 30. Dezember 1974 so: »Das Dilemma bestand darin, daß eine Verzögerung von einem Jahr zwischen dem ersten Urteil (gegen Ellenbeck) und dem zweiten (gegen

100

Kamphausen) eingetreten war. Die Zuständigkeit der Richter hatte sich inzwischen verändert. Wenn dasselbe Gericht auch die Nachverhandlung gegen Kamphausen geführt hätte, dann wäre ein solches Urteil wohl undenkbar gewesen.«

Paukenschlag zu Weihnachten 1974: Felix Kamphausen gelang eine spektakuläre Flucht aus der Düsseldorfer Justizvollzugsanstalt »Ulmer Höh«. Aus nie geklärten Kanälen hatte sich Kamphausen einen Nachschlüssel zu den entscheidenen Gefängnistüren besorgen können und flüchtete während eines Sportnachmittags über die knapp fünf Meter hohe Gefängnismauer, wie er später in einem Telefongespräch mit dem Kölner »Express« stolz aus seiner neu erlangten Freiheit mitteilte. Kamphausen kam durch seine Flucht einer Verlegung in eine geschlossene Anstalt für Schwerkriminelle zuvor, in die er, kurz nachdem der Bundesgerichtshof seine Revision abgeschmettert hatte und das »lebenslänglich« damit rechtskräftig geworden war, umquartiert werden sollte. Zuvor hatte Kamphausen immer wieder, unterstützt von seinem Verteidiger Bossi, um Hafterleichterung gebeten.

Denn längst war aus dem kriminellen Kamphausen ein resozialisierungswilliger Gefangener geworden, der es verstanden hatte, durch Schreiben und Dichten seine Situation erträglich und daseinswert zu gestalten. Als er im Januar 1975 schließlich aufgespürt wurde, ließ er sich problemlos festnehmen. Immer wieder hatte er während seiner Flucht — er hatte nie ernsthaft daran gedacht, Düsseldorf zu verlassen — durch Telefonate mit der Presse versucht, auf seinen Fall aufmerksam zu machen und für sich eine wirkliche Resozialisierungschance zu fordern. Er schaffte es schließlich, den Justizbehörden zu verdeutlichen, daß es ihm bei seinem Ausbruch in erster Linie um die Durchsetzung eines humaneren Strafvollzugs gegangen sei, der ihm dann auch teilweise gewährt wurde.

Felix Kamphausen, der angeblich nicht Resozialisierbare bekam seine Chance zur Resozialisierung und nutzte sie weidlich: Er, der im Leben nie eine wirkliche Möglichkeit der Entfaltung gehabt hatte, aus katastrophalen Familienverhältnissen stammte, in Heimen groß geworden war, Prügel und Gewalt erfahren und in jungen Jahren eine erfolgreiche jugendliche Prostituierte geheiratet hatte, die kräftig anschaffte, für ein protziges Leben sorgte und die ihm ein Ersatz-Zuhause bot, er, der schon frühzeitig mit dem Milieu von Kriminellen und Unterwelt in enge Berührung gekommen war und den Zuhälter gespielt hatte, machte im Knast eine Karriere als Autor und Verleger. Er, den der Richter in einem »kriminellen Sumpf ohnegleichen« wähnte, initiierte Gruppenprojekte und Gefangenenzeitungen, setzte sich für Mitgefangene ein und gründete Selbsthilfegruppen.

Felix Kamphausen lernte mit seiner lebenslangen Haftstrafe zu leben, immer in der Hoffnung auf eine vorzeitige Entlassung. Schließlich kam die Begnadigung für den »Miet-Killer« durch den nordrhein-westfälischen Ministerpräsidenten Johannes Rau, allerdings sehr sehr spät . . . Denn Kamphausen zählt bis heute zu den ganz wenigen Verurteilten, die für einen Mordversuch die vom Gesetz vorgesehene Höchststrafe erhielten: lebenslänglich.

Die »Zeit« (3/86) notierte in einem Porträt über Felix Kamphausen unter der Überschrift »Wo es nichts zu weinen gibt« zum »Sühnebedürfnis der Gesellschaft«: »Krimi und Melodram, Problemstück und Gesellschaftskomödie, 'dazwischen noch eine Liebesgeschichte – mehr Klischees gab es nicht, da paßte alles', meinte Felix Kamphausen einmal zu der schlagzeilenträchtigen Geschichte voller Klischees. Eines der haltbarsten: das vom eiskalten Killer, das der Vorsitzende Richter in seinem umstrittenen Urteil entwarf. Mag auch ein Gutachter 1984 feststellen, Kamphausen sei 'wach, empfindsam, verständnisvoll' und 'die in der Tat zutage getretene Gefährlichkeit besteht bei ihm nicht mehr': am einmal aufgebauten Bild wird weiter festgehalten – wie so oft in der Geschichte des Felix K., die reich ist an Festlegungen, Festschreibungen und Versuchen, ihn so zu formen, daß er dem gewünschten Klischee entspricht: hart, gefühllos, kalt.«

BEGONIEN SIND STUMME ZEUGEN

Der »Begonienmord« von Gräfelfing

Mitte der Siebziger Jahre beschäftigte ein Mord und ein Prozeß ganz ungewöhnlicher Art die Öffentlichkeit, ein Fall, der als »Begonienmord« und »Begonienmord-Prozeß« Kriminalgeschichte machen sollte. Besonders die Boulevard-Presse stürzte sich auf die verkaufsträchtige Story. Motto: »Wohlhabender Zahnarzt läßt durch Geliebte Ehefrau umbringen.« Die drei zentralen Personen der Geschichte: Der Zahnarzt Dr. Erich Schromm (49) aus Gräfelfing bei München, seine Ehefrau Margarete Schromm (49) und seine Geliebte Albertine Seim (26), Heimleiterin in der Altenpension ihrer Mutter in Allach.

Am 5. Juli 1974 gegen 20.30 Uhr klingelte es in der Gräfelfinger Villa, die mit einer kostspieligen Alarmanlage versehen war, da die Hausherrin, die Frau des Zahnarztes Erich Schromm, eher ängstlich und mißtrauisch war. Wenn sie allein in der Villa blieb, fühlte sich Margarete Schromm besonders unsicher. So auch an diesem Freitag, da ihr Mann mit einem Freund zur Jagd in der Gegend von Aichach gefahren war und erst am nächsten Tag zurückkommen wollte. Und er hatte den Hund mit zur Jagd genommen. Dennoch öffnete Frau Schromm der Besucherin, einer »molligen Unbekannten in rotem Kleid«, die einen roten Begonienstock als Geschenk mitbrachte, den sie zuvor in einem Blumengeschäft in Planegg gekauft hatte. Die beiden Frauen saßen dann auf der Terrasse, so ein Nachbar, und schienen in ein hitziges Gespräch verstrickt, bei dem die Besucherin wild gestikulierend auf Margarete Schromm einredete. Was der Nachbar nicht wissen konnte: Margarete Schromm hatte ihrer Mörderin geöffnet. Wenig später wurde sie mit einem Bademantelgürtel erdrosselt.

Zurück vom Jagdausflug fand der Zahnarzt am Samstagnachmittag in der Diele der Villa seine ermordete Frau. Und die Polizei stellte fest: Aus dem Haus des wohlhabenden Zahnarztes wurde weder Geld noch Schmuck gestohlen. Ein Raubmord schied also aus.

Schon nach zwei Tagen wurde die Mörderin gefaßt. Die Begonie hatte sie verraten, die Pflanze, die dem Fall ihren Namen geben sollte. Albertine Seim, die Geliebte des Zahnarztes Erich Schromm, hatte ihre Rivalin umgebracht. Die junge Frau war auf der ganzen Linie geständig. Margarete Schromm hatte sterben müssen, nachdem sie es abgelehnt hatte, ihren Mann freizugeben und einer Scheidung zuzustimmen. Alles sollte nach einem natürlichen Tod der ohnehin wegen eines Herzleidens in ärztlicher Behandlung befindlichen Frau aussehen. Mittels einer Spritze wollte Albertine Seim der Zahnarztgattin eine »Luftembolie« zufügen, nachdem sie sie zuvor mit Äther betäubt hätte. Für den Arzt hätte das dann bedeutet: Herzversagen. Aber Margarete Schromm wehrte sich, es kam zum Kampf, in dessen Verlauf Albertine Seim der älteren Rivalin einen Gürtel um den Hals schlingen konnte und sie erdrosselte. Um einen Selbstmord vorzutäuschen, hing die junge Frau die Tote auch noch an einer Türklinke auf.

So »einfach« hätte alles sein können, wäre da neben dem vollen Geständnis der Albertine Seim nicht der Vorwurf gewesen, daß sie den gesamten Mordplan gemeinsam mit ihrem Geliebten Erich Schromm ausgeheckt hätte, um die Frau, mit der er 23 Jahre verheiratet gewesen war, aus dem Weg zu räumen.

Albertine Seim, seit drei Jahren geschieden und kinderlos, war seit mehreren Monaten die Geliebte Schromms, war ihm verfallen, hörig und hätte sich nur allzugut vorstellen können, Frau Schromm zu werden, wenn da nicht... Erich Schromm, geizig und penibel, formte sich seine Albertine ganz nach seinem Geschmack, benutzte sie, wann immer er wollte, bestand auf einer Abtreibung, als die 26jährige von ihm schwanger wurde und machte ihr ernste Hoffnungen, wenn da nicht... Margarete Schromm stand dem neuen Glück im Weg.

Obwohl Erich Schromm immer wieder beteuerte, mit der Tat

nichts zu tun zu haben, und sein Verhältnis mit Albertine Seim als eines wie jedes andere darstellte; obwohl er ein nachweislich lückenloses Alibi für die Tatzeit vorweisen konnte und hoch und heilig versicherte, niemals an eine ernste Trennung von seiner Ehefrau gedacht zu haben, lautete die Anklage auf »gemeinschaftlichen Mord« an Margarete Schromm. Nach einem ersten Prozeßanlauf im Februar 1976, der nach wenigen Verhandlungstagen wegen Befangenheit einer Schöffin geplatzt war, kam es zum eigentlichen Gerichtsspektakel im April 1976, zum »Begonienmord«-Prozeß.

Ein langwieriger Prozeß begann, mit über 50 Zeugen und zahlreichen Sachverständigen, ständig vor vollbesetzten Publikumsrängen und einer in der Öffentlichkeit alle Details verbreitenden Presse. Da war von den intimen Beziehungen des Zahnarztes zu seiner Geliebten die Rede, von ihren Nächten in der Gräfelfinger Villa, wenn die Ehefrau nicht anwesend war, den Schäferstündchen in der Jagdhütte und in der Münchner Stadtwohnung, den zahlreichen Badeausflügen, den zum Schluß fast täglichen Spaziergängen, denen sich häufig Liebesspiele anschlossen. Die Schlüsselfrage aber zog sich durch den gesamten Prozeß: Hatte Erich Schromm seiner Geliebten Albertine Seim den Auftrag gegeben, die Ehefrau zu töten? »Wenn du mich liebst, dann tust du es!« So soll Schromm seine Geliebte aufgefordert haben.

Während er mit sicherem Alibi fernab des Tatorts aus allem fein heraus schien, sollte Albertine Seim der herzkranken Frau einen Begonienstrauß überbringen, sie anschließend betäuben und ihr, um eine Embolie herbeizuführen, mit einer Einwegspritze Luft in die Venen pumpen. Auf diese Weise sollte ein Herztot vorgetäuscht werden. Spritze, Nadel und Betäubungsmittel hätte ihr Erich Schromm zukommen lassen, beteuerte Albertine Seim, noch immer in Liebe zu Erich Schromm entbrannt. Aber, so argumentierten die Anwälte des Zahnarztes, wie könne ein Mediziner einer Person wie Frau Seim denn überhaupt zutrauen, eine solche Tat, die einige »Professionalität« verlange, auszuführen, zumal man die Prozedur des Luft-Spritzens mehrere Male wiederholen müsse, um die tödliche Wirkung zu erzielen.

Und ein psychiatrisches Gutachten bescheinigte Albertine Seim eine unterdurchschnittliche Begabung, eine unreife, undifferenzierte, infantile, wenig selbständige, aber auch anlehnungsbedürftige und stark beeinflußbare Persönlichkeit, die Schromm hörig war und von ihm, der sie schon in jungen Jahren zahnärztlich behandelt hatte, vollends abhängig war. Vor diesem Hintergrund könne man durchaus von einer erheblichen Verminderung der Schuldfähigkeit ausgehen, vorausgesetzt allerdings, sie habe die Tat im Auftrag ihres angebeteten Geliebten ausgeführt. Wie aber, so fragten die Anwälte Schromms, könne man allen Ernstes in Erwägung ziehen, daß der vorsichtige und kluge Mediziner der eher einfältigen und schlichten Albertine eine solch komplizierte Tat auftragen würde, eine Tat mit Chloroform und Wegwerfspritze.

Die Staatsanwaltschaft ging weiter: Schromm habe sogar bewußt einen solch tückischen Mordplan für Albertine Seim ausgeheckt, um bei einem Fehlschlag wegen des Grades an Dilettantismus seine Mitschuld von vornherein auszuschließen. Ja, er habe ein Scheitern dieses Planes sogar kalkuliert und vorsätzlich darauf spekuliert, daß die ihm hörige Frau dann den Mord auf ihre Weise begehen würde, um endlich den Weg an die Seite Schromms frei zu haben. Gewagte Theorien, keine Beweise.

Es entwickelte sich vor dem Schwurgericht München I ein reiner Indizien-Prozeß, Indizien, die nicht einmal hieb- und stichfest waren, wie die »Frankfurter Allgemeine Zeitung« am 6. Juli 1976 anläßlich der Plädoyers im »Begonienmord«-Prozeß feststellte. »Hieb- und stichfeste Indizien, gesicherte Spuren, glaubwürdige Zeugenaussagen, die klipp und klar sind – an solchen klassischen Beweismitteln herrschte Mangel, wann immer die Mitschuld Schromms nachzuweisen war. Und das Motiv? Die Ehe des Zahnarztes ist, nimmt man die entsprechenden Zeugenaussagen zusammen, offenbar weder mustergültig noch zerrüttet gewesen.«

Das Urteil schlug ein wie eine Bombe, wurde als sensationell empfunden. Das Gericht schloß sich nach 33 Verhandlungstagen den Ausführungen und dem geforderten Strafmaß der Staatsanwaltschaft in vollem Umfang an: Lebenslänglich für Erich

Schromm und 13 Jahre für Albertine Seim. »Am Abend des 5. Juli 1974 wurde Frau Margarete Schromm ermordet, erdrosselt von der Angeklagten Seim, die vorsätzlich und aus niedrigen Beweggründen handelte. Schromm hatte sie zu ihrer Tat angestiftet. Er sagte ihr am Nachmittag des 3. Juli, sie solle seine Frau töten, und er war sich sicher, daß seine auf ihn hörende Geliebte dies tun würde. Seine Frau war ihm in seinen immer enger werdenden Beziehungen zu seiner jetzigen Mitangeklagten lästig.« Und zum »Mordwerkzeug Spritze«: »Er wußte, daß sie bei Erkenntnis der Untauglichkeit des vorgesehenen Mittels anders weitermachen würde.« So sei es dann ja auch gekommen, die Angeklagte habe das Opfer mit einem Bademantelgürtel erdrosselt. »Am Beginn der Tat mußte ein Tötungsversuch stehen, von dem sich der Zahnarzt auf Grund seiner Vorbildung besonders leicht distanzieren konnte. Und hätte Schromm nicht einige sehr entscheidende Fehler gemacht, so hätte ihn die Untauglichkeit des Mittels auch vor einer Verurteilung bewahrt.« Die vom Richter angesprochenen Fehler Schromms beruhten allesamt auf äußerst vagen Indizien.

Auch für die erstaunliche Strafzumessung von 13 Jahren für die Mörderin und lebenslänglich für den vermeintlichen Anstifter, die auf Protest und Unverständnis stieß, hatte das Gericht in seiner 594 Seiten umfassenden Urteilsbegründung eine Antwort: Da sowohl der Anstifter wie der Täter zu bestrafen seien, hätte man dem voll zurechnungsfähigen Zahnarzt nur die Höchststrafe zuweisen können. Da bei der Mitangeklagten nicht ausgeschlossen werden könne, daß »eine schwere seelische Abartigkeit« ihre Schuldfähigkeit vermindert hat und sie überdies ein umfassendes Geständnis abgelegt hätte, sei sie mit einem milderen Strafmaß bedacht worden. Für die Verteidigung Schromms freilich war der Richterspruch eine »waghalsige Konstruktion«, die auf »Hypothesen« beruhte.

Ende 1977 kam dann das endgültige Aus für den Gräfelfinger Zahnarzt: Der Erste Strafsenat des Bundesgerichtshofes verwarf die Revision des Erich Schromm in allen Punkten. Lebenslänglich. Und Schromm beschwor nach wie vor seine Unschuld. Die Verweigerung der Revision bei einem so hohen Strafmaß und gleichzeitig vager Urteilsbegründung stieß in Juristenkreisen und bei der Presse gleichermaßen auf herbe Kritik und Unverständnis. Aber es blieb dabei: Trotz aller Versuche Schromms und seiner Anwälte wurde der Prozeß nicht wieder aufgerollt.

Selbst zu dem Zeitpunkt nicht, da Albertine Seim, die nach fünf Jahren das Gefängnis verlassen durfte, angeblich einer Gefängnisbekanntschaft gebeichtet hatte, Schromm nur belastet und hinter Gitter gebracht zu haben, um sicher zu gehen, daß er sie nicht vergessen und sich keine andere Geliebte zulegen würde ...

Das »Begonienmord«-Urteil — ein Justizirrtum? Auf jeden Fall ein spektakulärer Prozeß mit vielen Fragezeichen und mulmigen Gefühlen.

»INGRIDS MASCHE: MÄNNERMORD«

Der »Fall Ingrid van Bergen«

»Ingrids Masche: Männermord«. So überschrieb im Juni 1962 das Nürnberger »Wochenend« ein Porträt über die damals 29jährige Schauspielerin Ingrid van Bergen. Die aus Ostpreußen stammende, in Berlin lebende Frau mit der rauchigen Stimme hatte Karriere gemacht: Nach dem Abitur ein wenig Schauspielunterricht, Kabarett und schließlich richtig großer Film. »Der Maulkorb«, »Rosen für den Staatsanwalt«, »Jack Mortimer«, »Bildnis einer Unbekannten«, »Tagebuch eines Frauenmörders«, dazu Musicals, Shows und Fernsehen. Ingrid van Bergen arbeitete mit Regisseuren wie Helmut Käutner, Kurt Hoffmann und Wolfgang Staudte zusammen.

Das vorerst letzte Stück der attraktiven 45jährigen Blondine, die bereits mehrmals verheiratet war, zwei Töchter aus erster und dritter Ehe hatte, mit zunehmendem Alter aber ein Faible für jüngere Männer entwickelte, ging Anfang 1977 über die Bühne – live und tödlich. In den Hauptrollen: Ingrid van Bergen und ihr Geliebter Klaus Knaths, ein neureicher Immobilien- und Finanzmakler, der in der van Bergen auch die Eintrittskarte in das Prominenten-Milieu sah. Der Tatort: Die Villa der van Bergen am Starnberger See, die sie von den Kessler-Zwillingen gemietet hatte. Die Tatwaffe: Ein Revolver der Marke Smith & Wesson, Kaliber 38, und drei Schuß scharfe Munition.

Es geschah in der Nacht des 3. Februar 1977 um 1.30 Uhr. Klaus Knaths fuhr mit seinem weißen Jaguar, unbezahlt wie sich später herausstellen sollte, vor der Villa der van Bergen am Starnberger See vor. Dort wohnte der 33jährige bei seiner Geliebten und deren beiden neunzehn- bzw. zwölfjährigen Töchtern, seit er von seiner attraktiven Frau Sabine und den gemeinsamen Töchtern, acht und fünf, getrennt lebte, eine Ehe, die seit Jahren »kaputt« war und zu der es kein Zurück mehr gab, wenngleich sich Sabine Knaths immer gegen eine Scheidung sperrte. Die Schauspielerin, stark alkoholisiert, hysterisch und anscheinend von Eifersucht geschüttelt, schoß dreimal auf ihren Geliebten, zwei Schüsse trafen Klaus Knaths, die zweite Kugel zerriß ihm die Bauchschlagader und war tödlich. Knaths konnte sich noch zur Treppe der Eingangstür schleppen, brach blutüberströmt zusammen und starb.

Wenig später klingelte bei der Polizei in Starnberg das Telefon. Eine Frauenstimme, die der van Bergen, teilte dem diensthabenden Beamten lakonisch mit, daß in ihrem Haus ein Mann erschossen worden sei. Wenig später verhaftete die Polizei Ingrid van Bergen und fand die Tatwaffe im Swimmingpool. Die Schauspielerin versuchte der Polizei den Vorfall zu erklären. Sie habe ihren Geliebten nur »aus Versehen erschossen«, als sie ihn, nachdem er das Haus betreten hatte, mit der großkalibrigen Waffe hätte erschrecken wollen.

Doch es verhielt sich alles anders. Im Hause van Bergen hatten sich seit Wochen Eifersuchtsdramen abgespielt, handgreifliche Auseinandersetzungen, die, verstärkt durch die Wirkung des Alkohols, immer extensiver wurden. Hauptmotiv für die Zerrüttung der seit 1973 währenden, auf einen Golfplatz entstandenen Liebschaft, war allem Anschein nach die Witwe des tödlich verunglückten Industriellen Ernst Wilhelm Sachs, Lo Sachs; neben geschäftlichen Beziehungen zu Klaus Knaths schien sich auch ein Verhältnis mit dem Makler anzubahnen. Das zumindest war der Verdacht der Ingrid van Bergen, die, ohnehin mit großen Problemen wegen des herannahenden Klimakteriums belastet, von Knaths auch schon mal als »klimakterische Kuh« verhöhnt worden war. Für eine Frau, die wie die van Bergen einerseits unsicher, andererseits aber gewöhnt war zu dominieren und zu beherrschen, mußte das eine katastrophale Provokation ihrer Gefühle und Reaktionen sein.

Während des ersten Schusses auf Klaus Knaths, der Liebhaber mußte gerade ins Haus getreten sein, hatte Ingrid van Bergen mit einer Bekannten aus der Schickeria-Szene am Telefon gesprochen, mit Flo Zametzer, der späteren »Kronzeugin«. Als die folgenden Schüsse, die tödlichen Treffer fielen, hatte Klaus Knaths gerade seine Mutter an der Strippe. Alles Zeugen, die aber letztendlich keine Klarheit bringen konnten. Denn Ingrid van Bergen kam schnell ab von der Version des »Zufalls«, durch den die Schüsse abgefeuert worden seien, jetzt hieß es, »das Ding sei plötzlich losgegangen«, von immer deutlicher werdenden Gedächtnislücken war die Rede, vom hochgradigen Verlust ihres Erinnerungsvermögens, das sie letztendlich nicht mehr nachvollziehen ließ, was sich denn nun wirklich in der Nacht am See abgespielt hatte.

Die Schüsse der Ingrid van Bergen: Das bedeutete den größten Medienwirbel seit Jahren. Vom 4. Februar bis zur Verurteilung verging kein Tag, der nicht – speziell in der Münchner Boulevardpresse – immer neue Enthüllungen, Mutmaßungen und wilde Phantasien über das Liebesleben und den Alltag der Ingrid van Bergen ans Licht zerrte, Verdrehungen, Verstellungen, oft eher an die schlüpfrige Gehirnwindungen der Reporter erinnernd, als an die mögliche Wirklichkeit. Die Presse hatte ihre Story, die die im Frauengefängnis Aichach inhaftierte Ingrid van Bergen teils entsetzte, teils faszinierte, denn eine solche Publicity hatte die trotz vieler Höhen und Tiefen erfolgsverwöhnte Mimin seit Jahren nicht gehabt, nein nie zuvor.

Der Prozeß, der im Juli 1977 stattfand, löste einen ungeheuren Rummel aus. Die ersten Zuschauer tauchten kurz nach Mitternacht vor dem Justizpalast auf, Verpflegung und Schlafgelegenheiten dabei. Ein mehrstündiger Kampf um die besten Plätze im Schwurgerichtssaal begann, die öffentliche Neugier kannte keine Grenzen. Das bundesdeutsche Auditorium wußte nahezu alles über die van Bergen, ihr Privatleben, ihre Liebschaften, die Kinder, ihr Leben hinter den Zellengittern. In gnadenloser Konkurrenz versuchten die Boulevardblätter sich in ihren Geschmacklosigkeiten zu übertreffen. Ob die Meldungen wahr waren oder gar der Wahrheitsfindung dienten, wurde zur lästigen Nebensache degradiert. Da ließ sich Frau van Bergen ihren Nerzmantel ins Gefängnis bringen, schrieb Briefe an ihre »geliebten Katzen«, bedauerte den toten Knaths, der

111

»jetzt in einem Zinnsarg liege, ausgerechnet er, wo er doch so gern gegessen und geliebt hat«, startete die van Bergen in »Bild am Sonntag« ihre Lebensbeichte »Jetzt spreche ich«.

Herbert Riehl-Heyse machte in der »Süddeutschen Zeitung« (23. Juli 1977) den »Prozeß als gesellschaftliches Ereignis« aus, bei dem der Richter »bei der Parade verschiedener Zeuginnen das Gefühl haben mußte, er sei in Wirklichkeit Manager einer Modenschau«. Reporter Riehl-Heyse während des Prozesses über das »Gesellschaftsspiel im Justizpalast«: »Manchmal sieht es hier so aus, als habe eine gewaltige Vergnügungsindustrie den großen Schwurgerichtssaal im Münchner Justizpalast aufbauen lassen und die Herren Richter dankenswerterweise dafür gewinnen können, für sie als Statisten zu arbeiten.«

Tatsächlich dürfte in den siebziger Jahren, ausgenommen politische Verfahren, kein Prozeß eine größere Publizität erlangt haben als der Fall van Bergen, zumal er auch noch im selben Raum des alten Münchner Justizgebäudes verhandelt wurde, wie seinerzeit der Fall Vera Brühne — vor dem Schwurgericht des Landgerichts München II. Den letzten Schliff erhielt dieses Spektakel zwischen Halbwelt, zu Geld gekommenem Kleinbürgertum und der Münchner Klatschspalten-Schickeria noch durch das drehbuchreife Auftreten des Münchner Staranwalts Rolf Bossi auf der Tragödien-Bühne, der alles daransetzte, auch sich wirkungsvoll ins Scheinwerferlicht zu rücken, was einem Mann seiner Provenienz freilich mit Hilfe der Boulevardpresse nicht schwerfiel.

Die Reporter der »Welt« notierten am 25. Juli 1977: »Vier Damen beherrschten drei Tage lang den Saal 270: Ingrid van Bergen, die Töterin, Sabine Knaths, die Witwe, Lo Sachs, das Motiv, und Flo Zametzer, die Zentralzeugin. Alle vier werden mit wechselnder Intensität von der Berichterstattung als attraktiv bezeichnet. Der einzige Mann im Gruppenbild, der charmant-weiche Schuldenjongleur Knaths, ist schon aus dem Blickfeld verschwunden. Totsein ist, so scheint es, nicht ›in‹ in diesen Kreisen.«

Angeklagt wurde Ingrid van Bergen nicht wegen Mordes, sondern wegen Totschlags. Das Gericht hatte, in diesem Sammelsurium

112

von Mimen und Schauspielern herauszufinden, wer denn nun die Wahrheit sagte, wen deckte oder wie die »seelischen Ausnahmezustände« von Schauspielern, »dieser anderen Rasse Mensch«, wie es Bossi auszudrücken pflegte, gelagert waren. Die Richter hatten Mühe bei ihrer vorurteilsfreien Urteilsfindung »im Namen des zeitungskaufenden Publikums« (Riehl-Heyse), denn schon längst stand für die breite Öffentlichkeit fest, besonders für Frauen, daß Ingrid van Bergen, der Betrogenen und Gedemütigten, Gnade zu wiederfahren habe. Anders als damals im Fall Vera Brühne, wo es gerade die Öffentlichkeit der Frauen war, die den Kopf der mutmaßlichen Anstifterin zum Doppelmord rollen sehen wollte.

Vieles sprach für die These des Totschlags, die des »Konflikttäters« Ingrid van Bergen, für eine »Beziehungstat«, also »ein Tötungsverbrechen mit einer konfliktreichen Vorgeschichte zwischen Täter und Opfer« (»Spiegel« 8/77). Der Beginn des Klimakteriums der Frau jenseits der 40, zunehmende Frustrationen, gerade wenn Sexualität zum Lebensinhalt stilisiert wird, ja, wenn Liebe und Sexualität gleichgesetzt werden, können zu Stimmungslabilitäten führen, in denen Sicherungen schon einmal durchbrennen mögen. Ingrid van Bergen: »Sex bedeutet mir viel. Er ist der Motor für alles, was wir tun.« Auf der anderen Seite sehnte sie van Bergen sich nach ihren vielen Enttäuschungen nach einer festen Bindung, nach einer glücklichen Ehe, nach weiteren Kindern, Phantasien, die sogar immer wieder zu eingebildeten Scheinschwangerschaften bei der doch sonst eher pragmatisch auftretenden Schauspielerin führten.

Hinzu kamen handfeste Auseinandersetzungen, Betrügereien und Mißtrauen, Alkohol und die Waffe im Haus. Der »Spiegel«: »Ingrid van Bergen ist zwar in den kritischen Jahren, aber gewiß kein Typ von gestern: selbstständig im Beruf, vier Scheidungen, ein zwölf Jahre jüngerer Partner – das paßt nach gesellschaftlichen Rollenklischees eher zu einem Mann. Je mehr Frauen aber männliche Rollen übernehmen, desto mehr ähnelt ihr Verhalten, sofern sie kriminell werden, dem der Männer.« Und Männer sind nach der Statistik nun mal die häufigeren »Beziehungstäter«.

Ingrid van Bergen hatte nach Meinung der Gutachter in ihrem Fall wie ein Mann gehandelt; Geliebtentötung durch den verlassenen Partner im Affekt, nicht geplant, also nicht vorsätzlich, sondern aus ganz bestimmten Umständen heraus, spontan. Zumal die van Bergen und ihr Geliebter Klaus Knaths das klassische Konfliktpaar darstellten. So schien die Schauspielerin bei ihrer Tat auch wie in Trance gewesen zu sein, denn sie war weder in der Lage, das Verbrechen detailliert zu schildern, noch schien ihr die wirklich bewußt gewesen zu sein. Denn, so vermittelte die Schauspielerin immer wieder, sie habe Klaus Knaths über alles geliebt und er habe ihr mit Trennung gedroht, ihr der alternden Diva. Für das Gericht war deshalb auch die alles entscheidende Frage: War Ingrid van Bergen zur Tatzeit schuldfähig im Sinne des Strafgesetzbuches?

Eines legte der Prozeß auch noch offen zutage: Ingrid van Bergen, die kämpferische Ostpreußin, die sich hoch- und durchgeboxt hatte, schien die Talmi-Welt in der sie lebte und agierte, die Halbseide, die sie umgab, allzu ernst zu nehmen, zum Lebensinhalt gemacht zu haben, ohne aber ihre Spielregeln zu beherrschen oder überhaupt mitspielen zu wollen. Und diese Verhaltensregeln werden nun mal bestimmt durch Karriere, schnelles Geld, Statussymbole, sexuelle Trophäen, falsche Treueschwüre und falsche Freunde – »einer Welt, zu der sich die Angeklagte hingezogen gefühlt hat, ohne daß sie hineingepaßt hätte in ihrer kämpferisch-besitzergreifenden Art«, resümierte Herbert Riehl-Heyse. »Sie wußte nicht, daß es die Halbseide ist, in die man sich hier zu kleiden hat, daß hier die reichen jungen Männer Berühmtheiten fürs Bett sammeln, daß niemand etwas dabei findet, wenn sich alternde Schönheiten mal kurz für den Mann ihrer Freundin interessieren.«

Die letzten Wochen vor dem 3. Februar, der Nacht, in der die tödlichen Schüsse fielen, müssen für Ingrid van Bergen, so jedenfalls schilderte sie theatralisch vor Gericht, die Hölle gewesen sein. Da Luxus und Sex die zentralen Punkte waren im Hause der van Bergen, eskalierte die Beziehung zu Klaus Knaths zum Chaos: Schulden, Gerichtsvollzieher, immer neue Eide zur Treue, dann wieder Seitensprünge mit denen er angab, schließlich Lo Sachs. Hinter

114

einem Schleier aus Alkohol, Gin und Valium, hysterischen Weinkrämpfen, Enttäuschung und verletztem Stolz verschwammen die Ereignisse der Nacht des 3. Februar. Als Klaus Knaths mit Trennung drohte, fielen in der vernebelten Villa am Starnberger See die Schüsse. Die »Zeit« (32/77): »Klaus Knaths liebte Ingrid van Bergen dann so unehrlich, wie er auch im übrigen lebte. Seiner Hochstapelei in Geschäften, seinen Affären mit anderen Frauen und seinen Wortbrüchen entsprach sein sexuelles Verhalten.«

Was Ingrid van Bergen nicht wußte: Klaus Knaths hatte hochstaplerisch gelebt, über seine Verhältnisse, und zum Entsetzen seiner eigenen Familie einen Schuldenberg von mehreren Millionen Mark hinterlassen. Eine billige Serienausgabe, Dallas für die Boulevardpresse, Denver für den Münchner Spießer.

Am 7. Juli wurde Ingrid van Bergen vermindert schuldfähig wegen Totschlags ihres Geliebten Klaus Knaths zu sieben Jahren Haft verurteilt.

KIDNAPPING AUF ITALIENISCH

Die Entführung der Kronzucker-Kinder

Kidnapping hatte 1980 in Italien Hochkonjunktur. Verschleppungen, wochenlanges Verschwundensein der entführten Opfer in Verstecken meist unwegsamer Landschaften waren ebenso an der Tagesordnung wie spektakuläre Lösegeldzahlungen in Millionenhöhe, überraschende Freilassungen, aber auch brutale Morde. In der ersten Jahreshälfte 1980 wurden in Italien 30 Personen gekidnappt, darunter sechs Nicht-Italiener. Drei weitere, deutsche Urlauber, kamen am 25. Juli 1980 hinzu: Die beiden Töchter des ZDF-Journalisten Dieter Kronzucker, Susanne (15) und Sabine (13) sowie ihr Cousin Martin Wächtler (15). Die Familien Wächtler und Kronzucker verbrachten in der Toskana zwischen Florenz und Siena ihre Sommerferien. Ihr Urlaubsdomizil: Das für Touristen aus- und umgebaute Anwesen des Fürsten Corsini in Barberino Val d'Elsa, mitten in der herrlichen Gegend des Chianti. Die anmutige, hügelige Landschaft, der gold blühende Ginster, überall Pinien und Zypressen, einsam gelegene Bauernhäuser, absolute Stille.

Auch die Familien Kronzucker und Wächtler genossen die Ruhe, machten es sich gemütlich, versuchten zu relaxen an diesem 25. Juli 1980. Während der CDU-nahe Leiter des »heute-journals« in den kühlen Mauern des herrschaftlichen Wohnhauses zu entspannen versuchte, lag die übrige Familie am etwa 500 Meter bergab gelegenen Swimmingpool in der wohltuenden Sonne. Die Kinder aalten sich am Beckenrand, Mutter Renate Kronzucker hielt mit dem Ehepaar Wächtler einige Meter entfernt ein Schwätzchen.

Plötzlich, kurz nach 13 Uhr, sprangen drei mit Schrotflinten bewaffnete und maskierte Männer aus dem Gebüsch, fesselten und knebelten Frau Kronzucker, das Ehepaar Wächtler und deren 13jährige Tochter Petra und sperrten sie in eine kleine Hütte direkt am Pool. Susanne und Sabine Kronzucker sowie Martin Wächtler, alle nur im Badezeug, wurden kurzerhand gepackt und in ein unweit des Schwimmbeckens abgestelltes Auto gezerrt. Die Kidnapper rasten mit ihren drei Opfern auf der Schnellstraße Florenz-Siena davon. Zurück ließen sie die Drohung »keine Polizei«, andernfalls seien die Geiseln in Lebensgefahr. Eine Stunde nach der Tat wurde die Polizei über das jüngste spektakuläre Kidnapping informiert.

Eine gigantische Jagd nach den Entführern begann. Straßenkontrollen wurden überall in den Provinzen Florenz, Siena und Pisa errichtet, Hunderte Polizisten und Carabinieri durchkämmten mit Spürhunden die toskanische Hügellandschaft, die zahlreichen Wälder und dichten Buschformationen. Der italienische Innenminister schaltete sich in die Ermittlungen ein, hohe Polizeibeamte aus Rom wurden an den Entführungsort geschickt. Der bundesdeutsche Innenminister Gerhard Baum nahm sich des Falles höchstpersönlich an, das Wiesbadener Bundeskriminalamt (BKA) richtete in der Toskana einen sogenannten »Brückenkopf« ein, um die Banditen zu fangen. Doch von den Entführern und den drei Kindern keine Spur.

Papst Johannes Paul II. appellierte während einer Ansprache in seiner Sommerresidenz Castel Gandolfo bei Rom an die Entführer, im Namen Gottes die Kinder freizulassen. Renate Kronzucker forderte mit tränenerstickter Stimme im italienischen Fernsehen RAI die Kidnapper auf: »Gebt uns unsere Kinder zurück. Tut unseren Kindern kein Leid an, ich bitte Euch. Denkt an Eure eigene Mutter!« Der Kardinal von Florenz, Erzbischof Giovanni Benelli, wandte sich ebenfalls über das Fernsehen an die Entführer und bot seine Vermittlungsdienste zwischen den Banditen und den betroffenen Familien an, das ZDF schaltete sich über den Intendanten und seinen Verwaltungsratsvorsitzenden, den damaligen rheinland-pfälzischen Ministerpräsidenten Bernhard Vogel, ein, mit dem Kronzucker in den Entführungstagen heimlich, vorbei an aller Medienöffentlichkeit, am Tegernsee zusammentraf.

Wilde Spekulationen über das Tatmotiv machten den Fall zu

einem internationalen Medienereignis. Schließlich handelte es sich bei Dieter Kronzucker ja um einen populären bundesdeutschen Journalisten, der dazu noch aus seinen politischen Sympathien keinen Hehl machte. Handelte es sich um einen terroristischen Anschlag mit weitreichenden Folgen oder lediglich um ein Kidnapping mit Lösegeldforderung? Wurden die Kronzucker-Kinder gezielt entführt, oder galt die Verschleppung Angehörigen des Fürsten Corsini, dem das Anwesen gehörte?

Ende Juli meldete sich ein anonymer Anrufer bei einem Mailänder Verlag. Eine »Kolonne Anna Maria Ludmann« der Roten Brigaden, genannt nach einer in Genua von der Polizei erschossenen Anarchistin, verlangte die Freilassung von sechs in der Bundesrepublik inhaftierten RAF-Häftlingen. Zahlreiche Anrufe und Schreiben, alle anonym oder von Phantasie-Organisationen unterzeichnet, gingen in der Florenzer Polizeizentrale beim Krisenmanagement um Staatsanwalt Francesco Fleury ein. Aber Polizei und Staatsanwaltschaft blieben gelassen, sie verfolgten eine andere Spur, die sich als heiß und letztendlich richtig herausstellen sollte, die »pista sarda«, die sardische Spur von sardischen Banditen.

Entführungen durch sardische Hirten und Bauern, verbunden mit hohen Lösegeldforderungen, hatten sich in der Toskana gerade in den letzten Jahren gehäuft. Auf Sardinien selbst hatten Entführungen und Menschenraub, wie der »Spiegel« (32/1980) bemerkte, eine »alte Tradition«: »Jeder dritte Menschenraub in Italien ereignete sich auf Sardinien.« Und der »Spiegel« weiter: »Armut und tiefes Mißtrauen gegen eine staatliche Macht, die von den meisten Sarden von jeher als böse Fremdherrschaft empfunden wurde, bilden den Nährboden für dieses Banditentum. Anders als Siziliens Mafia, die das Gewebe der Gesellschaft durchsetzt und selbst eine wirtschaftliche Macht ist, kämpften die sardischen Banditen lange Zeit gegen das Establishment: Der Gesetzlose ging in die Berge und lebte von Raub und Erpressung.« Und er war bei den Seinen geschätzt und anerkannt, konnte auf Sympathie, Bewunderung und Verschwiegenheit bauen.

Der Haß der wirtschaftlich vernachlässigten Sarden richtete sich, ähnlich wie bei den benachbarten Korsen gegen die Franzosen, besonders gegen die Zentralregierung in Rom, aber auch gegen alles Fremde, selbst gegen die seit Jahren die Insel überschwemmenden Touristenströme, die viel Geld in die kleinen Orte brachten. Seit eineinhalb Jahrzehnten übersiedelten knapp 100.000 verarmte Sarden in die reichere Toskana auf das Festland, in eine Gegend, die immerhin ähnlich der ihren war, unwegsam, einsam und mit teilweise dichten Wäldern überzogen. Sie lebten als Hirten, Landarbeiter und Bauern, aber immer mit dem sardischen Herzen in der Brust, zurückgezogen, eigenbrödlerisch und kärglich. Auch hier die Wut auf die Geld-Schickeria, die in erster Linie aus den italienischen Großstädten, der Bundesrepublik und der Schweiz kommend, preiswert alte Häuser kaufte, sie herrichtete und dann auf ihre Art bewohnte.

Polizei und Staatsanwaltschaft in Florenz waren sicher: Drahtzieher des Kronzucker-Kidnappings konnte nur Mario Sale sein, ein sardischer Bandit, der bereits wegen anderer Entführungen zu 24 Jahren Gefängnis verurteilt worden war und 1977 aus dem Gefängnis in Siena hatte fliehen können, seither in der Toskana sein Unwesen trieb und für zahlreiche Entführungen verantwortlich sein sollte.

Immer wieder appellierten die Eltern Kronzucker und Wächtler an die Entführer, sich doch endlich zu melden, aber es gab kein Lebenszeichen. Doch dieses Verhalten der Entführer war für italienische Verhältnisse nicht ungewöhnlich, die Dramaturgie der Kidnappings erstreckte sich in Italien oft über Monate, häufig warteten die Angehörigen vergeblich auf ein Zeichen, ein Kommando, eine Lösegeldforderung. Die Fahndung lief in der gesamten Toskana auf Hochtouren. Das Anti-Mafia-Gesetz mit seinen speziellen Kontrollen und Überprüfungen, das bislang nur in Sizilien und Kalabrien angewendet worden war, galt ab Mitte August auch für die Sarden in der Toskana.

Gerade die Entführungen mit hohen Lösegeldforderungen nahmen mitunter filmreife Entwicklungen, die Bandbreite des Kidnapper-Verhaltens schwankte zwischen Operettenhaftigkeit und

119

gnadenloser Brutalität. So schnitten beispielsweise die Entführer bei einer der aufsehenerregendsten Verschleppungen in Italien, dem Kidnapping des amerikanischen Millionenerben Paul Getty III. in Rom 1973, ihrem Opfer ein Ohr ab und schickten es einer römischen Tageszeitung, um ihrer Lösegeldforderung den entsprechenden Nachdruck zu verleihen. Gegen ein Lösegeld von sieben Millionen Mark kam Getty nach sechs Monaten Gefangenschaft schließlich frei. Andere Entführte wurden trotz der Zahlung hoher Geldbeträge kaltblütig ermordet, dann gab es wieder eine Hinrichtung wie im politisch motivierten Entführungsdrama um den früheren italienischen Ministerpräsidenten Aldo Moro im Mai 1978.

Um den 20. September herum brachen die Entführer ihr Schweigen. An der Echtheit der drei Briefe an die Eltern bestand ebenso wenig Zweifel wie an der Unversehrtheit der Kinder. Sie waren mit einer aktuellen Tageszeitung auf einem Bild zu sehen. Die Absender der Briefes verlangten die Veröffentlichung eines politischen Manifests für einen unabhängigen, autonomen Inselstaat Sardinien in zahlreichen einschlägigen italienischen Medien. In einem der Schreiben, die unterschrieben waren mit »Chaka II., Chef der Entführungs-AG in ganz Mittelitalien«, hieß es, verbunden mit zahlreichen eher diffusen Morddrohungen und Attentatsabsichten gegen italienische Politiker des verhaßten Roms und die amerikanischen Militärbasen auf Sardinien: »Chaka II. wird eine sardische Nation schaffen, ein zweites Kuba des Mittelmeeres . . . Es werden tausend Männer genügen, wirkliche Sarden, um die italienischen Kolonisatoren zu besiegen.« Und an anderer Stelle hieß es: »Tod den italienischen Ansiedlern, Tod den toskanischen Rassisten und Barbaren.«

Die angeblichen sardinischen Separatisten, von denen der Staatsanwalt behauptete, sie versteckten ihre hohen Lösegeldforderungen nur hinter politischen Parolen, hatten ihre Briefe der entführten Susanne Kronzucker diktiert. Aber den Bitten der Eltern Kronzucker und Wächter auf Veröffentlichung kam schließlich nur die linksextreme »Lotta Continua« nach. Das Zentralorgan der italienischen Kommunisten »L'Unita« lehnte eine Veröffentlichung der politischen Manifeste der Entführer ebenso ab, wie auch die Nachrichtenagenturen. Dafür aber waren die Familien einer weiteren Aufforderung von »Chaka II.« nachgekommen und hatten einer Gefängniszeitung knappe 50.000 Mark ausgehändigt und dieses im Rundfunk öffentlich verlauten lassen.

Über die alles entscheidende Übergabe eines Lösegeldes in Höhe von rund 4,4 Millionen Mark an die sardischen Entführer aber schwiegen sich die Familien aus, bis zum 1. Oktober. An diesem Tag, dem 68. nach der Entführung, wurden die Kinder nach einem Hinweis der Kidnapper in einem verlassenen Gehöft unweit des Entführungsortes wohlauf entdeckt. Sie waren während des gesamten Kidnappings in Zelten innerhalb eines in der Provinz Pisa einsam gelegenen Hauses untergebracht, das erst Ende 1982 entdeckt worden war, hatten gut zu Essen bekommen, durften Musik hören und mit einem Kidnapper abendliche Gebete sprechen. Die toskanische Polizei befand nach der Entdeckung des »Gefängnisses« am Ende eines dreistündigen Fußmarsches, ein solch gutes Versteck nie zuvor gesehen zu haben.

Eine Schlüsselrolle bei den Verhandlungen zwischen den Kidnappern und den Eltern, vorbei an den offiziellen Ermittlungen der Polizei und der Staatsanwaltschaft, hatten der Florentiner Kardinal Benelli und der deutsche Journalist Franz Tartarotti, ein Freund der Familie Kronzucker, gespielt. Tartarotti war es auch, der das Lösegeld, das nach Angaben Kronzuckers − allen öffentlichen Spekulationen zum Trotz − nicht von der Bundesregierung oder aus Geldern des ZDF aufgebracht worden war, den Entführern ausgehändigt hatte. Auf einer turbulent verlaufenen Pressekonferenz in München, 48 Stunden nach der Freilassung der Kinder und der hektischen Abreise aus Italien, versicherte der entnervte ZDF-Journalist und sein souverän wirkender Sprecher Tartarotti, das Lösegeld stamme ausnahmslos von Freunden. Das sei auch ein Grund mit, so Kronzucker, weshalb er die ganze Entführungs-Story einer großen Illustrierten verkaufen wolle, um so wenigstens einen Teil des Lösegeldes wieder einzuspielen.

Noch während der Münchner Pressekonferenz kam es in Florenz zu einem handfesten Eklat, als die Justizbehörden Ermittlungen gegen Kardinal Benelli aufnahmen, dem sie vorwarfen, hinter der Anführung des Beichtgeheimnisses, die Entführer begünstigt und anschließend geschwiegen zu haben. Auf diese Weise hätten sie zustande gekommen war, daß Kronzucker nach der glücklichen Einigung mit den Entführern hinter dem Rücken der Behörden Kardinal, ebenso wie die Eltern Kronzucker und Wächtler sowie Franz Tartarotti die Ermittlungen der Polizei vehement behindert. Die italienische Justiz war hochgradig darüber verärgert, daß die Befreiung der Kinder für die italienischen Behörden nichts als Häme übrig hatte.

Dennoch: Es hagelte Verhaftungen im »Fall Kronzucker«, Hirten und Bauern, denen man eine direkte oder indirekte Beteiligung an dem Kidnapping nachzuweisen glaubte, kamen reihenweise hinter Gitter. So ging der Polizei Ende 1982 in der kolumbianischen Hauptstadt Bogotá ein dicker Fisch ins Netz, als sie den sardischen Schäfer Giovanni Farina festnehmen konnte, der aus der Lösegeld-beute Geld »waschen« wollte. Staatsanwaltschaft und Polizei waren sicher, daß Farina ein führendes Mitglied der »Anonima sequestri«, des Entführungssyndikats, und ein enger Vertrauter Mario Sales sein mußte. Zwölf Millionen Mark Lösegeld waren — so die Polizei — aus drei Entführungen nach Südamerika geschafft worden, angeblich war Farina bereit auszupacken und eine Art Kronzeugen-funktion zu übernehmen.

Im November 1985 schließlich kam die Kronzucker-Entführung zu einem vorläufigen Ende. In einem mit Spannung erwarteten Mammut-Prozeß wurde einer Bande sardischer Entführer vorge-worfen, seit 1975 zahlreiche Entführungen und Erpressungen begangen zu haben. Im Zentrum des Prozesses stand die Entfüh-rung der Kronzucker-Töchter und des Wächtler-Sohnes. Es hagelte hohe Gefängnisstrafen. 22 Sarden wurden zu insgesamt 260 Jahren Gefängnis verurteilt. Aber es gab auch eine dicke Überraschung: Mario Sale, seit acht Jahren auf der Flucht und angeblich der Kopf der Banditen, wurde in Abwesenheit freigesprochen. Angeblich aus

Mangel an Beweisen, vielleicht aber auch, um ein neues Lebenszeichen Sales zu provozieren. Denn – so hieß es in der Toskana –
Sale sei schon lange nicht mehr am Leben . . .

DER KILLER VON BRAUNSCHWEIG

Fünffacher Mord an einer Familie

In der Nacht vom 19. zum 20. Januar 1977 ereignete sich in Braunschweig eines der brutalsten Verbrechen der deutschen Kriminalgeschichte, ein Massenmord an einer Bankiers-Familie.

Im Stadtteil Mascherode galt die Familie des Direktors der Braunschweiger Volksbank als sympathisch, liebenswert und gutbürgerlich. Die Nachbarn mochten die Kraemers. Nicht zuletzt wegen ihrer vier Kinder hatte die Familie eine innige Beziehung zu ihrer Umgebung. Bankdirektor Wolfgang Kraemer liebte sein etwas abgelegenes, an Felder und Wiesen grenzendes Haus mit dem gemütlichen Garten, in einer ruhigen Einbahnstraße gelegen, die in ein Wäldchen mündet, genoß die Ruhe der eher dörflichfriedlichen Vorstadt und das Leben mit seiner Familie, seiner Frau und den drei Kindern Stephan (16), Nele (11) und Martin (6). Die älteste, die zwanzigjährige Tochter Sabine, wohnte schon seit geraumer Zeit nicht mehr in der Welfenstadt, sie studierte in Berlin – und überlebte deshalb als einziges Mitglied der Familie das nächtliche Drama.

Donnerstagmorgen, Braunschweig-Mascherode: Die Polizei dringt in das Haus des Bankdirektors Kraemer ein, nachdem sie vom Prokuristen der Volksbank darüber informiert worden war, daß es in der Nacht zuvor eine Geiselnahme mit Erpressung und Lösegeldübergabe gegeben hätte, verbunden mit der strikten Auflage des Bankdirektors an seinen leitenden Angestellten, die Polizei erst zur Schalteröffnung am nächsten Tag über die Ereignisse der Nacht zu informieren. Der erste Eindruck einer ruhigen Nacht und der üblichen Idylle rund um das Mascheroder Anwesen täuscht, wenngleich die Jalousien noch heruntergelassen sind, die Garage des Hauses allerdings offensteht und leer ist. Der Polizei bietet sich ein Bild des Grauens, wenngleich kein Blut geflossen ist, wie es Boulevardpresse und Bilderblätter der aufgebrachten und sensationshungrigen Öffentlichkeit später suggerieren wollen.

Im Wohnzimmer der Villa liegt Frau Kraemer, in der Kellerbar der Vater, im Kinderzimmer Nele und Martin, in seinem Schlafzimmer im Dachgeschoß Stefan. Alle fünf Kraemers sind tot, stranguliert, erdrosselt mit einem starken Bindfaden. Am 16jährigen Sohn und bei den Eltern entdeckt die Polizei Spuren von Fesseln, dem ermordeten Bankdirektor klebt ein Band über dem Mund. Später beweist die Obduktion, daß die Familie am Vorabend zwischen 23 und 24 Uhr umgebracht worden sein mußte.

Im Wohnzimmer des Hauses findet die Polizei eine auf den 10. Januar 1977 datierte Notiz folgenden Inhalts: »Mit dieser Aktion wird auch die sofortige Freilassung sämtlicher Baader-Meinhof-Mitglieder verlangt. Da es sich um die Überwindung verwaltungstechnischer und politischer Schwierigkeiten handelt, darf eine Frist von acht Tagen nicht überschritten werden. Sollte dieser ersten Forderung nicht stattgegeben werden, werden Sie eine neue Befreiungsaktion kennenlernen, und zwar mit den brutalsten und bisher noch völlig unbekannten Mitteln. Im Auftrage der Befreiungsgeheimorganisation.« Aber schon am Tatort ist den Kriminalbeamten klar: Das sind nicht die Sprache und schon gar nicht die Taten von Terroristen, nein, hier handelt es sich ganz eindeutig um das Ablenkungsmanöver eines eiskalten und brutalen Killers. Die kriminaltechnische Untersuchung bewies denn auch sehr schnell, daß der Bankdirektor selbst diese Zeilen, offenbar kurz vor seinem Tod und unter Druck, geschrieben hatte, auf seiner eigenen Schreibmaschine auf einem Blatt im DIN-A5-Format.

Die Reaktion der Öffentlichkeit auf das bestialische Verbrechen an der Familie Kraemer: Nach anfänglich lähmendem Entsetzen lautstarkes Rufen nach der starken Hand, nach Law and Order, allen voran der Braunschweiger Oberstadtdirektor Hans-Günther Weber. Er forderte vehement die Wiedereinführung der Todesstrafe und wußte sich »Hunderter Braunschweiger Mitbürger« sicher, die ihn um eine entsprechende Intervention beim Bundeskanzler bzw.

beim Justizminister gebeten hätten. Wie anders, als durch die Todesstrafe, könne man die Öffentlichkeit vor Mördern und Terroristen schützen, vor Verbrechern, die sich durch eine lebenslange Freiheitsstrafe, die ja meist nach 15 Jahren schon verbüßt sei, nicht von ihren bestialischen Taten abbringen ließen. Aber Reaktionen nicht nur in Braunschweig: Die bundesdeutsche Öffentlichkeit war aufgebracht, erschüttert, ratlos vor dieser Hinrichtung einer ganzen Familie. Der Ruf nach der Todesstrafe wurde laut wie nie zuvor im Land. Und die Presse schonte niemanden in Mascherode, der irgendwie mit den Kraemers in Verbindung gestanden hatte, befreundet war, selbst vor Mitschülern und Bankkunden machten die schlüpfrigen Reporter nicht Halt.

Schnell drangen Einzelheiten des Tathergangs, der Ereignisse der Todesnacht nach außen. Und es wurde massive Kritik laut am Vorstand der Braunschweiger Volksbank, die ihren Chef vielleicht hätte retten können, vielleicht. So hatte Bankdirektor Kraemer kurz nach 21 Uhr von zu Hause aus einen Vorstandskollegen und Prokuristen angerufen, der gemeinsam mit seiner Frau eine Geburtstagsfete gab, und ihn beschworen, aus der Bank 800.000 bis eine Million Mark zu beschaffen. Er befände sich in der Hand von Erpressern, die Angelegenheit sei äußerst dringend, und auf das keinen Fall dürfe vor Donnerstagmorgen die Polizei verständigt werden. Der Prokurist beriet sich telefonisch mit Kollegen, eilte zur Bank, fand aber im Tresor nur etwa 300.000 Mark vor. Nach einem erneuten Telefonat mit Direktor Kraemer einigte man sich auf 165.000 Mark, die der Prokurist dann zum Haus in Mascherode brachte und Herrn Kraemer, der nur einen kurzen Moment und äußerst aufgeregt an der Haustür erschien, in einer Geldtasche in die Hand drückte.

Was dann weiter in der Nacht geschah, blieb im Detail im Dunkeln, konnte aber in einem spektakulären Indizienprozeß weitgehend rekonstruiert und aufgeklärt werden. Denn schon wenige Tage nach dem scheußlichen Verbrechen gelang es der Braunschweiger Sonderkommission, die auf knapp 100 Mann aufgestockt worden war, den mutmaßlichen Killer von Braunschweig festzunehmen,

126

den aus Ungarn stammenden und in Hamburg ansässigen 43jährigen Maschinenschlosser Ferenc Sos.

Sos, ein untersetzter, eher unscheinbarer Mann, war 1956 in die Bundesrepublik gekommen. Seine Zeugnisse aus der Heimat wiesen den Ungarn als rechtschaffenden, qualifizierten Arbeiter von akzeptabler Intelligenz aus, der alle Voraussetzungen mitbrachte, wie so viele seiner Landsleute auch, in der Bundesrepublik in seinem Beruf eine ansehnliche Karriere zu machen. Aber Ferenc Sos geriet unverzüglich in kriminelles Milieu, wurde straffällig und verbrachte zwölf Jahre hinter Gittern, acht davon wegen räuberischer Erpressung, als er eine überfallene Gastwirtsfamilie mit Bindfäden gefesselt hatte. Zu Weihnachten 1976 konnte er seine Zelle verlassen und mietete sich bei einem Lehrerehepaar in Hamburg ein.

Aber, so lautete die immer wieder von Presse, Öffentlichkeit und Kripo gestellte Frage, konnte eine einzelne Person überhaupt eine solche Tat ausführen? Waren der oder die Täter gar Bekannte der Familie Kraemer, denn es war keineswegs geklärt, wie die Erpresser ins Haus gelangen konnten; handelten sie möglicherweise in Panik, aus Angst, von den Opfern später identifiziert zu werden? Handelte es sich bei dem Verbrechen von Braunschweig also um einen Panikmord?

Schon kurz nach der Braunschweiger Mordnacht, eine bundesweite Fahndung ging voraus, konnte der rote VW-Käfer gefunden werden, der Zweitwagen der Familie Kraemer, der nach dem Massaker in der Garage gefehlt hatte. Der Wagen stand am Braunschweiger Hauptbahnhof, und es gab keinen Zweifel, er war von dem oder den Tätern benutzt worden. Dann erhielt die Polizei Hinweise aus der Hamburger Unterwelt, schließlich galt es eine hohe Belohnung für entsprechende Hinweise zu »verdienen«. Die Spur führte zu Ferenc Sos, der schon vier Tage nach der Tat festgenommen werden konnte. Der Tip kam von Sos' Kumpel, mit dem er schon in den Jahren zuvor immer wieder auf Beutezug gegangen war und dem er mehrmals von »seinem großen Ding« erzählt hatte, das er zu drehen beabsichtigte und schließlich in Braunschweig auch unter »Dach und Fach« gebracht hatte. Klaus Petereit, ebenfalls Elektriker und gemeinsam mit Sos Mieter einer Absteige unweit der Reeperbahn auf St. Pauli, beschuldigte den Ungarn, ihm von seinem fünffachen Mord erzählt und ihn darüber hinaus gebeten zu haben, einen Teil des erpreßten Lösegeldes zu verstecken.

Tatsächlich fand die Kripo bei Petereit eine orangefarbene Kassette mit 16.500 Mark aus der Lösegeldsumme. Dann der alles entscheidende Tip: Petereit führte die Polizei zu einem möglichen Versteck seines Kumpels, an eine Stelle, die sie sich während eines gemeinsamen Spazierganges ausgeguckt hatten. Nach einer großangelegten Suchaktion fanden die Kripobeamten an einem Autobahnzubringer in Hamburg-Horn, unweit der Leitplanken in 30 Zentimeter Tiefe, eine weitere Geldkassette — diesmal mit 140.000 Mark aus dem Lösegeld. Den zur Kassette gehörenden Schlüssel hatte Ferenc Sos bei seiner Verhaftung in der Tasche. Und: die beiden Geldschatullen waren wenige Stunden nach den Braunschweiger Morden in einem Kaufhaus in der Nähe des Hamburger Hauptbahnhofs gekauft worden — von Sos, wie sich ein Verkäufer zu erinnern meinte. In den Wohnungen von Petereit und Sos fand die Polizei angeklebte Banderolenreste mit der Aufschrift »Volksbank Braunschweig«.

Alles schien kriminalistisch eindeutig, der Fall aufgeklärt, zumal Sos über kein Alibi verfügte, im Gegensatz zu Klaus Petereit, der nachweislich in der Tatnacht, obwohl anfänglich ebenfalls dringend verdächtig, nicht in Braunschweig gewesen sein konnte. Von Petereit als »Kronzeugen« und anderen »Persönlichkeiten« aus der Hamburger Unterwelt, die Geschwätzigkeit des Exilungarn, die ihm alle bestätigten, rächte sich bitter, wurde Sos schwer belastet. Hinzu kamen mehrere Hinweise auf die Täterschaft des kleinen Ungarn, die die Kripo beibrachte; z.B. hatte die Polizei am Tatort Zigarettenreste der Marke gefunden, die Sos rauchte, versehen mit Speichel, der seine Blutgruppe erbrachte. In seiner Wohnung fand die Polizei eine dem Tatwerkzeug entsprechende Rolle Bindfaden.

Doch reichten diese vermeintlichen Beweisstücke für eine Verurteilung des Ungarn, dessen Morde als bislang einzigartig in der deutschen Kriminalgeschichte galten? Die Staatsanwaltschaft geriet

128

in Bedrängnis und Beweisnöte, als Sos urplötzlich die Aussage verweigerte und wie ein Grab schwieg, als alle Geschwätzigkeit dahin war und der für März 1978 angeklagte Ungar auch noch in der Untersuchungshaft jedes psychiatrische Gutachten ablehnte. Die entsprechenden Gutachter mußten sich schließlich ihr Bild vom Angeklagten im Gerichtssaal bilden.

Im Februar 1978 begann dann vor dem Braunschweiger Schwurgericht der Prozeß gegen Ferenc Sos, der trotz über 130 Zeugen und 19 Sachverständigen zu einem ausschließlichen Indizienprozeß wurde. Die Anklage warf dem Ungarn Mord in fünf Fällen vor, räuberische Erpressung und erpresserischen Menschenraub im Haus der Kraemers sowie zwei bereits 1970 in Hamburg vorgefallene Taten des versuchten Diebstahls und des versuchten Mordes, bei denen auch Kumpel Petereit mit von der Partie gewesen sein sollte. Doch Sos stritt alle Taten ab, beteuerte seine Unschuld und schwieg. Es gab keine Tatzeugen und kein Geständnis, aber auch kein Alibi. Sos gab vor, in der Nacht vom 19. auf den 20. Januar, in der Mordnacht also, »einen Zug durch St. Pauli gemacht« zu haben.

Zahlreiche »Knastologen« aus dem Hamburger Reeperbahn-Milieu traten als Zeugen der Anklage im Prozeß gegen Ferenc Sos auf, um das teilweise wackelige Indiziengebäude zu erhärten, allen voran »Kronzeuge« Klaus Petereit. Da war von gemeinsamen Diebestouren die Rede, von Villen, die man sich für Überfälle ausgeguckt hatte, von gemeinsamen konspirativen Wohnungen und Beuteverstecken. Andere Zeugen wollten immer wieder von Plänen Sos' erfahren haben, sich »reiche Leute« der Hamburger Villengegenden auszusuchen, um sie zu erpressen. Für die Anwälte von Ferenc Sos waren das alles freilich nichts als dubiose Zeugen mit dubiosen Anschuldigungen, denn, so meinten sie, ein Mann allein hätte die Tat gar nicht begehen können, sie hätte überhaupt nur durchgeführt werden können von jemandem, der die Lebensgewohnheiten der Familie Kraemer genauestens gekannt und den Überfall von langer Hand vorbereitet haben mußte. Große Zweifel meldeten die drei Hamburger Anwälte des angeklagten Ungarn auch bezüglich der Person Petereits an, der viel mehr wissen müsse und andere Täter decke.

Am 12. Mai 1978 fiel nach 34 Verhandlungstagen das Urteil gegen Ferenc Sos: »Der Angeklagte ist des Mordes in fünf Fällen in Tateinheit mit erpresserischem Menschenraub und räuberischer Erpressung sowie eines versuchten Diebstahls mit einer Waffe und des versuchten Totschlags schuldig; er wird zu lebenslanger Freiheitsstrafe verurteilt.« Für das Gericht stand fest: Sos hatte am 19. Januar 1977 nach vorgefaßtem Plan die Familie Kraemer zu Geiseln genommen, auf die Heimkehr des Bankdirektors gewartet, diesem 165.000 Mark abgepreßt und nach Aushändigung des Geldes durch den von Kraemer zum Schweigen verpflichteten Prokuristen, die ganze Familie nach und nach erdrosselt. Die Richter waren der Meinung, daß Sos es war — und zwar alleine —, der die gefesselten und zum Teil geknebelten Familienmitglieder ungefähr sechs Stunden nach seinem Eindringen in das Kraemersche Haus mit Bindfäden nacheinander stranguliert hatte. Im Haus seien allerdings keine zwingenden Spuren von Sos gefunden worden, aber auch keinerlei Spuren die ihn als Täter ausschlössen und auf einen anderen Täter hindeuteten. Das Gericht führte eine Reihe »objektiver Beweiszeichen auf«, u.a. das gefundene Erpressungsgeld und die Banderolen der Braunschweiger Volksbank sowie der sich in seinem Besitz befindene Schüssel zur Geldkassette, die Aussagen des Hauptbelastungszeugen Petereits, die ständig von Sos wiederholten Verbrechenspläne für ein »ganz großes Ding« mit Geiselnahme und Mord und schließlich frühere Äußerungen von Sos kurz nach der Verhaftung Petereits, als er energisch betont hatte, sein Kumpel könne von alledem eigentlich nichts wissen.

Keine Frage, das Verfahren gegen Ferenc Sos war ein ausschließlicher Indizienprozeß mitsamt einer Indizienkette, die keineswegs in allen Punkten schlüssig schien. Es durfte folglich die Prozeßbeobachter nicht wundern, daß die Verteidigung unverzüglich Revision ankündigte. Doch die Revision wurde schließlich verworfen und das Urteil damit rechtskräftig.

RING FREI! – BOXEN UND SCHIESSEN

Der »Fall Gustav Scholz«

Scholz, Gustav, deutscher Werbekaufmann, fr. Berufsboxer. Aus dem »Munzinger-Archiv« 14/88: »Gustav (›Bubi‹) Scholz wurde am 12. April 1930 in Berlin geboren. Sein Vater war als Schmied und Schallplattenpresser tätig. Sch. wuchs im Arbeiterviertel Prenzlauer Berg auf, das im heutigen Ostberlin liegt. Er lernte zunächst Feinmechaniker, nach dem Krieg absolvierte er dann eine Kochlehrzeit bei Aschinger. Inzwischen hatte ein Zufall dem 16jährigen ein Paar Boxhandschuhe zugespielt. Im Sommer 1948 wurde er – ohne zuvor einen Amateurkampf bestritten zu haben – Berufsboxer, und schon in seinem ersten Kampf als Leichtgewichtler brachte er seinem Gegner solche Schläge bei, daß dieser seine Hochzeit verschieben mußte. Systematisch aufgebaut von seinem Manager Gretzschel und Trainer Ladislaw Taubeneck, entpuppte sich der Rechtsausleger Sch. nicht nur als Naturtalent und geschickter Techniker, sondern auch als raffinierter Taktiker.«

Mit Bubi Scholz stieg die ganze Nation in den Ring. Der »natürliche Junge« von ganz unten wurde zum prominentesten und beliebtesten Boxer nach Max Schmeling – und hatte, immer ganz Berliner, Erfolg. Eine märchenhafte Sportler-Karriere nahm ihren Lauf. Ring frei! Wenn Scholz boxte, strömten die Massen, klingelten die Kassen. Obwohl ein Großteil seiner Gegner zweitklassig war und nicht die geringste Chance gegen das Berliner Box-Idol hatte, waren die Sportpaläste und Stadien immer bis auf den letzten Platz besetzt, schlug sich der Rechtsausleger hoch zum Box-Millionär, wurde der Name Scholz zum Markenartikel im Boxsport, ein »Wunderkind im Wirtschaftswunderland«.

Er galt als intelligenter Boxer, als gewiefter Taktiker und ungemein schlagstark. 96mal stieg Scholz zwischen 1948 und 1964 als

Profi in den Ring, 46 Fights beendete er vorzeitig durch K.o., 41 gewann er als Punktsieger, sechsmal boxte das Berliner Idol unentschieden, verloren hat er nur ganze zwei Kämpfe nach Punkten. Von 1951 bis 1952 war Scholz Deutscher Meister im Weltergewicht, gab dann den Titel wegen Gewichtsproblemen freiwillig ab und wechselte ins Mittelgewicht. Von 1955 bis 1957 mußte Scholz seine Karriere auf ärztliche Anordnung hin wegen einer schweren Lungentuberkulose unterbrechen, das scheinbare Aus für den Boxsportler, der vom ganz großen Geld, von sozialem Prestige und Aufstieg träumte. Gegen den Willen der Ärzte kletterte der boxbesessene Berliner wieder in den Ring — und schaffte das Wunder: 1957 holte er sich durch einen K.o. in der 3. Runde gegen Peter Müller die Deutsche Meisterschaft im Mittelgewicht und behielt diesen Titel bis 1961. 1958 sicherte sich Bubi Scholz durch einen Sieg gegen den französischen Titelverteidiger Charles Humez auch noch die Europameisterschaft im Mittelgewicht, boxte sich von Triumph zu Triumph. Beide Titel gab er 1961 wegen Gewichtsproblemen kampflos ab.

Am 23. Juni 1962 griff Bubi Scholz im Berliner Olympiastadion nach der Weltmeisterschaftskrone und verlor im ersten Weltmeisterschaftskampf auf deutschem Boden gegen den farbigen US-Amerikaner Harold Johnson im Halbschwergewicht knapp nach Punkten. Experten bestätigten, daß Scholz, hätte er nur energisch genug nachgesetzt, Johnson in der 1. Runde hätte K.o schlagen können. Max Schmeling zu Bubi Scholz: »König bist du nicht geworden, aber du hast das Schloß gesehen.« Im letzten Kampf seiner atemberaubenden Karriere wurde Bubi Scholz im April 1964 in Dortmund nach einem Disqualifikationssieg gegen den Italiener Giulio Rinaldi auch noch Europameister im Halbschwergewicht. Bubi hatte es geschafft, sich von tief unten ganz nach oben geboxt.

Der »Spiegel« widmete ihm im Juni 1962 eine Titelgeschichte, Scholz war prominent und sollte auch in den kommenden Jahren ein gern gesehener Gast auf Parties, Vernissagen, Senatsempfängen und Prominententreffs sein. Zu seinen besten Freunden zählte er Harald Juhnke und Hans Rosenthal, die Prominenz schmückte sich mit dem erfolgreichen Sportler. Er bewohnte eine Villa im Grunewald, eröffnete zwei Kosmetikgeschäfte, die seine Frau leitete und stand selbst einer Werbeagentur als Manager und Geschäftsführer vor. Bubi Scholz versuchte sich als Schallplattensänger, spielte in Unterhaltungsfilmen mit und schrieb die Bücher »Ring frei« und »Der Weg aus dem Nichts«. Alles stimmte bei Bubi Scholz. Auch die Ehe mit seiner langjährigen Freundin Helga Druck, die immer zu ihrem »Scholz« gehalten hatte und die er 1955, als er krank und »ganz unten« war, heiratete. Bubi und Helga Scholz galten als ideales Paar, die bestens harmonierten, die sich brauchten und immer füreinander da schienen. Das scheinbar so schöne Leben währte nach dem Ende der Boxer-Karriere zwei Jahrzehnte. Bis zur Nacht vom 22. auf den 23. Juli 1984.

In der gemeinsamen Villa des Ehepaares Scholz fiel ein Schuß. Das ehemalige Box-Idol hatte mit einem Kleinkalibergewehr durch die geschlossene Tür der Gästetoilette, in die sich Helga Scholz eingeschlossen hatte, geschossen und seine Frau durch einen Kopfschuß getötet. Die Öffentlichkeit war geschockt, die Freunde des Boxers wirkten wie gelähmt, die Presse hatte ihre Sensation und schlachtete sie weidlich aus. Die angeblich so heile Welt des einst so erfolgreichen und zu Geld und Glanz gekommenen Bubi Scholz krachte wie ein Kartenhaus zusammen. Es sollte sich zeigen, daß die letzten Jahre des alternden Stars und seiner Helga tragisch und trostlos verlaufen waren, nach außen, gegenüber den vielen sogenannten Freunden, wirkte die Scholzsche Aura immer strahlend, im Innern aber war es hohl und leer .

Alkohol, Tabletten und eine tiefe Depression waren letztendlich die Auslöser für die tödlichen Schüsse auf die engste Bezugsperson des Bubi Scholz, nach fast drei Jahrzehnten im großen und ganzen glücklicher Ehe.

Bubi Scholz gab vor, sich nur noch bruchstückhaft an die Vorfälle dieses Wochenendes erinnern zu können und schilderte die tödlichen Schüsse als tragischen Unfall. Er sei schwer betrunken gewesen, habe nicht schlafen können und sei irgendwann zwischen 20 und 22 Uhr an die Hausbar gegangen, um sich einen Drink ein

133

zuschenken. Dann sei ihm der Gedanke gekommen, das Gewehr zu reinigen. So will sich Scholz auf die Flurtreppe gesetzt und an der Waffe hantiert haben. Der Grund: Sie hatte ein Abführmittel genommen. Als der Boxer dann aufstand, sei er betrunken ausgerutscht und so habe sich der folgenschwere Schuß gelöst. Mehrere Male sei seine Frau zur Toilette geeilt. Der Schuß sei in die Decke gegangen und torkelte zurück ins Bett. Erst in den frühen Morgenstunden habe er bemerkt, daß Helga nicht neben ihm lag, sie dann im Haus gesucht und die verschlossene Gästetoilette entdeckt. Er habe dann gegen die Tür getrommelt, so heftig, daß die Mieterin aus dem ersten Stock der Villa gekommen sei und die tote Helga Scholz durch ein kleines Fenster an der Außenwand des Hauses entdeckt habe. Daraufhin sei Bubi Scholz, und die Mieterin bestätigte diese Reaktionen, weinend und völlig verzweifelt in sich zusammengesunken.

Aber das Wochenende des Ehepaares Scholz im Grunewald verlief wohl ein wenig anders. Katerstimmung herrschte vor, da man die Nacht zuvor bei Harald Juhnke Geburtstag gefeiert und kräftig gebechert hatte. Den Sonntag wollten die beiden friedlich verbringen, das hieß im Scholzschen Sprachgebrauch, sich in aller Seelenruhe zu betrinken, gehen zu lassen. Der Gärtner des prominenten Boxers, den Helga Scholz für den Nachmittag bestellt hatte, um das Schwimmbad zu füllen, fand Bubi mit einem Glas Wein im leeren Swimmingpool sitzend, apathisch, ruhig, weggetreten. Vieles sprach dafür — so der Gärtner später —, daß sich die beiden Eheleute gestritten hatten, aber was sagte das schon, und vor allem, was ging es den Gärtner an. Sonntag im Grunewald.

Für den anklagenden Staatsanwalt war der Sachverhalt eindeutig: Man habe sich im Hause Scholz wieder einmal gestritten. Helga Scholz habe sich auf der kleinen Gästetoilette eingeschlossen. Bubi Scholz sei darüber so in Wut geraten, daß er mit seinem Kleinkalibergewehr auf die Tür geschossen und dabei billigend in Kauf genommen habe, sie zu treffen. Daß er seine Frau tatsächlich umgebracht habe, müsse keine vorsätzliche Absicht gewesen sein, meinte

134

der Ankläger. Ein Mörder war Bubi Scholz demnach nicht, aber durchaus verantwortlich für seine Tat.

Der Prozeß im Januar 1985 brachte dann auch das ganze Ausmaß einer tragischen Entwicklung ans Licht, die sich im Hause Scholz zugetragen hatte. Wirtschaftliche Probleme hatten sich eingestellt, keine existentiellen, aber vielleicht doch die latente Angst wieder arm zu werden; Helga Scholz hatte sich angeblich immer wieder lustig über ihren Mann gemacht, den einst so großen Sportler und jetzt so »fetten Sack«, er hatte getrunken und war mehrmals auf Entzug, wurde ohne Alkohol apathisch, launisch, so daß ihm seine Helga zur Aufbesserung der allgemeinen Stimmung schon mal wieder ein Gläschen nippen ließ.

Sie gab ihm Tabletten gegen seine vielen Wehwehchen, seine zunehmenden depressiven Stimmungen, wenn er sich in die Kellerbar zurückzog und die alten Filme über seine großen Boxkämpfe ansah, die Stunden und Minuten größter Triumpfe. Er liebte seine Frau und sie liebte ihn, oder besser, man brauchte sich gegenseitig und er sie insbesondere. Sie war immer für ihren »Scholz« da, war ihm Freundin, Mutter und Geliebte – und zerbrach daran selbst. Auch sie trank und schluckte Tabletten, auch sie wurde zunehmend verzweifelter, was Bubi, auf sich selbst zurückgezogen wie viele Depressive, nicht registrierte. Auch seine Frau schien nicht mehr zu können, die Kraft zu haben, ihrem Mann zu helfen, wo sie doch selbst so dringend Hilfe nötig gehabt hätte.

Es kam zu verbalen Aggressionen ihrerseits, die er als »schwarzen Humor« beiseite schob, ohne zu merken, daß auch Helga Scholz zunehmend depressiv zu werden begann. Die Welt des Ehepaares Scholz stand auf dem Kopf. Und nach außen, gegenüber all den vielen echten und unechten Freunden galt es immer, Etikette zu wahren, die glückliche Ehe zu demonstrieren, die längst zur Fiktion geworden war. Der Obduktionsbefund der getöteten Helga Scholz ergab einen Alkoholspiegel von 2,54 Promille. Als der Richter diese nüchterne Zahl während des Prozesses verlas, registrierte die Prozeßbeobachterin der »Zeit«, der Angeklagte habe die »Daumen gegen die Ohren« gepreßt.

Gerhard Mauz im »Spiegel« (4/85): »Der ewig wache, quicke, in allen Sätteln erfolgreiche Gustav Scholz, der schlagfertige, stets vorwärts und vornean marschierende Junge von ganz unten, ist eine Inszenierung gewesen, die aufrecht- und durchzuhalten ihn ruiniert hat. Er hat ein Leben als erfüllt vorgeführt, das immer leerer und in dem er immer unbeweglicher, starrer und hilfloser wurde. Er wäre längst, aus irgendeinem Anlaß, zusammengebrochen, wäre da nicht seine Frau Helga gewesen — die immer massiver einsprang, übernahm und führte, wo Schlaflosigkeit, Apathie und jene immer tiefere Depression über ihn kam, gegen die er immer größere Mengen Alkohol setzte . . . Gustav Scholz ist sehr allein, nicht weil man ihn allein läßt. Seine Frau ist tot.«

Er hatte seine engste Bezugsperson erschossen. Er wollte sie nicht töten, weil sie ihm eigentlich alles war, er war über die Tat verzweifelt und unternahm in der Untersuchungshaft einen Selbstmordversuch. Dem Kriminalbeamten hatte Gustav Scholz nach der Tat versichert: »Ich wollte sie da doch nur rausholen!« Sie, der er sich als einzige Person anvertrauen konnte, die aber selbst immer weniger Hoffnung empfand für sich und ihren Mann.

Das Gericht verurteilte den ehemaligen Box-Europameister Bubi Scholz am 1. Februar 1985 wegen fahrlässiger Tötung und unerlaubten Waffen- und Munitionsbesitzes bzw. wegen des Verstoßes gegen alliierte Waffenbesitzbestimmungen zu drei Jahren Gefängnis. Das Gericht sah die Version eines »Unfalls beim Gewehrreinigen« als widerlegt an. Scholz habe vielmehr durch die geschlossene Toilettentür einen tödlichen Schuß auf seine Frau Helga abgegeben, einen »aggressiven Durchbruch« in Zusammenhang mit starken Depressionen gehabt, der durch den Konsum von Alkohol und Tabletten noch gesteigert worden sei. Ein Tötungsvorsatz war nach Meinung des Gerichts nicht gegeben, seine Schuldfähigkeit war erheblich vermindert. Hinzu kam, so das Gericht, daß sich die kleinkalibrige Kugel durch einen schmalen Hohlraum in der Türfüllung gebohrt hatte und — hätte Helga Scholz nicht gestanden sondern gesessen — 26 Zentimeter über ihrem Kopf eingeschlagen wäre.

Im Gerichtssaal, in der Öffentlichkeit und besonders in der fledernden Boulevardpresse war augenblicklich von »Prominentenurteil«, »Prominentenbonus«, »Berliner Filz«, »Klassenjustiz« und »Skandal-Urteil« die Rede. Da tötete jemand seine Frau, die sich auch noch aufopferungsvoll um ihren Mann gekümmert hatte und daran selbst zerbrochen war, und dann drei Jahre, Haftverschonung, Freigang. Für die einen war es die reinste »Männerjustiz«, für andere stand fest: »Gattinnenmord als Kavaliersdelikt«. Dabei bescheinigten seriöse Prozeßbeobachter wie Gerhard Mauz (»Spiegel«) und Margit Gerste (»Zeit«) dem Gericht Fingerspitzengefühl, Einfühlsamkeit und ein kluges Urteil, das sich in fast allen Punkten den Sachverständigen und Gutachtern angeschlossen hatte.

Im August 1987 verließ Bubi Scholz das Gefängnis in Berlin-Tegel. Er hatte seine Strafe vollends absitzen müssen, nachdem der »Freigänger«, der tagsüber als Industriekaufmann gearbeitet hatte, Anfang 1986 wegen Trunkenheit erneut in Konflikte geraten war, diesmal mit einem Gefängnisbeamten. Scholz wurde am Tag seiner Entlassung von seinem Anwalt in einem grünen Rolls Royce abgeholt. Die Lebensversicherung seiner Frau Helga von einer runden halben Million Mark sollte die Grundlage zu einem neuen Start ins Leben sein. Das Geld stand dem Ex-Boxer zu, da er nicht vorsätzlich sondern fahrlässig getötet hatte. Alles Stoff für weitere Folgen des »Falles Bubi Scholz« in der Boulevard- und Bilderpresse. Das »Munzinger-Archiv« zur Entlassung von Gustav »Bubi« Scholz: »Fünf Fernsehteams, zwei Rundfunk-Übertragungswagen und 15 Fotografen erwarteten ihn vor dem Tor, seine neue Lebensgefährtin Silvelin Ebeling in der alten Wohnung. Frau Ebeling, eine wichtige Zeugin im Strafprozeß, war 17 Jahre lang Geschäftsführerin einer der Scholzschen Parfümerien.«

»ANNAS MUTTER«

Der »Fall Marianne Bachmeier«

Der Fall Bachmeier gilt als einmalig in der bundesdeutschen Justiz-Geschichte, er sorgte über Monate für Schlagzeilen, setzte umstrittene Emotionen frei und löste auch im Ausland heftige Diskussionen aus. In Holland wurde sogar eine Initiative gegründet: »Laßt Frau Bachmeier frei!« Die Illustrierte »Stern« verkaufte mit rasant steigenden Auflagen die Lebensgeschichte der Marianne Bachmeier unter dem zugkräftigen Titel »Annas Mutter«, zwei bedeutende bundesdeutsche Regisseure drehten 1983 Filme über das Leben Marianne Bachmeiers. In München filmte Burkhard Driest mit Gudrun Landgrebe als »Annas Mutter«, in Hamburg Hark Bohm mit der Österreicherin Marie Colbin in der Hauptrolle. Im Mittelpunkt der spektakulären Produktionen: Eine Tat, die Schlagzeilen machte, ein Mord, der von Tausenden als verständlicher und verzeihbarer Racheakt interpretiert, von anderen als absolut verwerfliche Lynch- und Selbstjustiz strikt verurteilt worden war. Marianne Bachmeier hatte in einer in der Bundesrepublik bis dahin nicht gekannten Art Selbstjustiz geübt und den Mörder ihrer siebenjährigen Tochter Anna im Gerichtssaal hinterrücks erschossen.

Im Mai 1982 begann dann vor dem Schwurgericht in Lübeck der Prozeß gegen die attraktive Marianne Bachmeier. Die Anklage lautete auf heimtückischen Mord unter bewußter Ausnutzung der Arg- und Wehrlosigkeit des Opfers sowie unbefugten und vorsätzlichen Gebrauchs einer Waffe. Die Schlüsselfrage dieses Prozesses war, ob Annas Mutter im Affekt oder mit kalter Überlegung gehandelt hatte, als sie den Mörder ihrer Tochter erschoß. Und, so fragten Rechtsexperten, konnten die drei Berufs- und zwei Laienrichter in diesem emotionsgeladenen »Schauprozeß« überhaupt noch ihrer

Rolle gerecht werden, wo doch ein Großteil der Bevölkerung Verständnis, ja sogar offene Sympathie für die Tat Marianne Bachmeiers aufgebracht hatte, für die Reaktion einer Mutter, deren Tochter Opfer eines grausamen Verbrechens geworden war.

6. März 1981: Vor dem Lübecker Schwurgericht muß sich der Schlächter Klaus Grabowski (35) wegen Mordes an der siebenjährigen Anna verantworten. Die Anklage beschuldigt den bereits zweimal wegen sexuellen Mißbrauchs von Kindern vorbestraften Mann, am 5. Mai 1980 die kleine Anna Bachmeier in seine Wohnung gelockt, vermutlich sexuell mißbraucht, anschließend mit einer Strumpfhose erwürgt und in einem Erdloch verscharrt zu haben. Ein abstoßendes, grauenhaftes Verbrechen, begangen von einem Triebtäter, der, so Prozeßbeobachter, sich seiner Tat bitter schämte. Nebenklägerin in dem Verfahren ist die Mutter des ermordeten Kindes, die 31jährige Gastwirtin Marianne Bachmeier, die während der ersten beiden Verhandlungstage auch als Zeugin ausgesagt und einen »eher ruhigen und gefaßten Eindruck« gemacht hatte.

Der Prozeß geht in den dritten Verhandlungstag. Der Schwurgerichtssaal des Lübecker Landgerichts ist überfüllt, auf der Zuschauertribüne wartet auch eine Schulklasse von 14- bis 15jährigen Jugendlichen, die zuvor im Unterricht das Thema »Todesstrafe« durchgenommen hatte und sich jetzt ein Bild von einem Mordprozeß machen sollte, auf den Fortgang des Prozesses. Annas Mutter betritt den Saal. Das Unfaßbare geschieht. Sie zieht eine in der Manteltasche mitgebrachte Pistole und feuert aus nur vier Meter Entfernung von hinten auf den auf der Anklagebank sitzenden mutmaßlichen Mörder ihrer Tochter. »Es war eine Exekution, beispiellos in der deutschen Rechtsgeschichte«, notierte die »Rheinische Post«. Marianne Bachmeier schießt achtmal, sechs Schüsse schlagen im Rücken des Angeklagten ein, ein Schuß streift seinen Arm. Klaus Grabowski ist tödlich getroffen. Entsetzen im Gerichtssaal, ein heilloses Durcheinander, Marianne Bachmeier wird verhaftet.

Eine bislang in der deutschen Justizgeschichte kaum gekannte Welle der Emotion ergriff das Land. Marianne Bachmeiers Tat wurde Stammtischgespräch an Arbeitsplätzen, war Gesprächsstoff in Familien, Menschentrauben stritten in den Fußgängerzonen über die Selbstjustiz der jungen Mutter. Sie hatte den »Teufel« getötet, der ihr Kind ermordet hatte, konsequentes Verhalten einer »wirklichen Mutter«. Das »gesunde Volksempfinden« spendete Marianne Bachmeier Applaus für die blutige Tat im Gerichtssaal, ihre Schüsse auf den Kindermörder stießen auf Verständnis und Zustimmung. Da war von »Pflichterfüllung einer Mutter« die Rede, von »wahren Muttergefühlen«.

Marianne Bachmeier erhielt körbeweise aufmunternde und zustimmende Briefe, Blumen wurden in die Untersuchungshaft geschickt, die Richter bedroht, die ihr zwischenzeitlich Haftverschonung verweigerten. Die Emotionen eskalierten, als bekannt wurde, daß Marianne Bachmeier während der Untersuchungshaft mehrere Selbstmordversuche unternommen hatte. »Laßt Marianne Bachmeier frei!«, war der durchgängige Tenor landauf, landab. Richter und Staatsanwaltschaft erhielten Drohbriefe und Morddrohungen. Spenden gingen ein, Vereine zu ihrer Unterstützung wurden ins Leben gerufen, die Sympathiebeweise für die Mutter, die den Tod ihrer Tochter nicht verschmerzen und den Anblick des Mörders vor Gericht nicht ertragen konnte, rissen nicht ab. Auch da noch nicht, als durch die detaillierte »Stern«-Serie »Annas Mutter« (»Die Geschichte der Marianne Bachmeier, die den Mörder ihrer Tochter im Gerichtssaal erschoß«), das Bild der Marianne Bachmeier keineswegs nur mehr das der liebevollen, fürsorglichen Mutter war. Marianne Bachmeier hatte sich einem »Stern«-Journalisten in ausführlicherem Maße anvertraut, als sie es gegenüber den psychologischen und psychiatrischen Gutachtern getan hatte – sicherlich auch wegen des stattlichen Honorars, das ihr die Illustrierte zahlte.

Die Serie, deren Veröffentlichung über viele Wochen bis in die Prozeßtage hineinreichte, kratzte freilich gewaltig am Bild der Marianne Bachmeier, am Image einer durchgängig heilen Welt, so wie sie sich die Öffentlichkeit maßgeschneidert hatte, die jäh durch einen Mörder zertrümmert worden war.

140

Marianne Bachmeier hatte eine schwere und deprimierende Jugend hinter sich. Sie war das Kind einer sozial zerrütteten Flüchtlingsfamilie aus Ostpreußen, der Vater, ein alter SS-Mann, war eine gescheiterte Existenz und ein notorischer Trinker, an dem Marianne aber dennoch hing. Die Eltern ließen sich scheiden, der Stiefvater entpuppte sich als herrisch-brutaler Pedant, der die heranwachsende Marianne häufig schlug. Nur bei der Großmutter konnte das gedemütigte und verzweifelte Mädchen unterschlüpfen, dort fand sie manchmal die ersehnte Geborgenheit.

Anna war Marianne Bachmeiers drittes Kind. Mit knapp siebzehn Jahren bekam sie von ihrem ersten Freund ein Kind, in der Provinz, in Sarstedt bei Hildesheim, wo die Familie damals lebte, ein unvorstellbarer Skandal. Marianne landete samt Säugling im Heim, da sie »zu Hause nicht mehr erwünscht war«. Ein chaotischer Lebensweg schien unaufhaltsam. Gut ein Jahr später war Marianne Bachmeier erneut schwanger. Der Vater: ein 19jähriger Buchdrucker. Das Jugendamt verbannte die junge Frau in eine Erziehungsanstalt. Stationen einer schrecklichen Jugend: Ausbruch, Selbstmordversuch, Vergewaltigungen, Tod der Großmutter und des leiblichen Vaters in einer Ausnüchterungszelle. Ein Kind wurde bei Fremden untergebracht, eines zur Adoption freigegeben. Auch Anna sollte — so war es der Wille der Mutter und ihres Lebensgefährten, Annas Vater, — an dem Tag, an dem sie ermordet wurde, zu befreundeten Pflegeeltern gegeben werden, da Marianne Bachmeier durch ihre Kneipenarbeit nicht genug Zeit für Anna aufbringen konnte.

Tragik, wenngleich gänzlich anders gelagert, auch auf der anderen Seite. Schon längst ging es nicht mehr um Annas Mörder, den Schlachter Klaus Grabowski, der, zwar der Tat geständig, vielleicht gar nicht einmal als Mörder verurteilt worden wäre, hätte ihn Marianne Bachmeier nicht auf eigene Faust getötet und so einen möglichen Richterspruch vorweggenommen. Annas Mutter und das »gesunde Volksempfinden« hatten ihr Urteil gesprochen und in die Tat umgesetzt. Ihr Opfer: ein schwer kranker Mann mit tragischer Entwicklung.

141

Klaus Grabowski, so die »FAZ« vom 31. Oktober 1982, »war offenbar ein in sich zerrissener Mensch; auf der einen Seite sensibel, schuldbewußt und unglücklich, auf der anderen von Unruhe und von einem verhängnisvollen Trieb beeinflußt. Er sehnte sich nach der harmonischen Beziehung zu einer Frau und fühlte sich zugleich zu kleinen Mädchen hingezogen.« »Der Mann, einmal verheiratet, zwei Kinder, war mehrfach wegen Unzucht mit Kindern vorbestraft. 1975 wurde er, der Triebtäter, in das Landeskrankenhaus im holsteinischen Neustadt eingewiesen, wo er sich, um nicht in eine psychiatrische Anstalt zu müssen, schließlich auf eigenen Wunsch hin kastrieren ließ. Der Mann mit dem krankhaft sexuellen Trieb wurde als geheilt entlassen, verlobte sich und zog in die Lübecker Altstadt, nicht weit entfernt vom Lokal der Marianne Bachmeier. Alles nicht unbedingt der Erwähnung wert, wäre da nicht die verhängnisvolle Behandlung durch einen Facharzt für Urologie gewesen.

Grabowski litt aufgrund der Kastration unter Schmerzen und gesundheitlichen Beschwerden. Er begab sich nach dem Placet der juristischen Führungsaufsicht, einer Richterin, in ärztliche Behandlung und wurde über einen längeren Zeitraum hinweg mit Hormonspritzen behandelt. Aber was niemand beachtete: die Spritzen mit männlichen Sexualhormonen ließen seinen Geschlechtstrieb wieder erwachen, das Verlangen nach kleinen Mädchen erneut, es kam zu dem schrecklichen Verbrechen. Klaus Grabowski, der unter seinem Trieb ganz offensichtlich litt und ihn zu überwinden versucht hatte, bekam durch die Schüsse der Marianne Bachmeier keine Gelegenheit zur Verteidigung, zu Reue und Sühne. »Andererseits«, schrieb die »Neue Züricher Zeitung« am 4. November 1982, »aber wäre gegenüber den Äußerungen des nach Rache durstenden 'Volksempfindens' nur schwer zu begründen gewesen, daß Grabowski möglicherweise nur zur Sicherung hätte streng verwahrt, aber nicht bestraft werden dürfen.«

Stimmt es, daß ein spektakulärer Strafprozeß niemals »losgelöst von den gesellschaftlichen Verhältnissen und den Stimmungen seiner Zeit zu führen« ist, so zeigte der Fall Bachmeier zweierlei ganz deutlich auf: Es gab öffentlichen Beifall und breite Zustimmung für die »Hinrichtung« Klaus Grabowskis, während dieser wegen seiner Tat, ohne Berücksichtigung seines krankhaften Triebs, bereits gnadenlos vorverurteilt worden war. Es handelte sich also bei breiten Teilen der Bevölkerung um ein diffuses Inkaufnehmen der Todesstrafe, zumindest bei Kindsmord, ohne aber offen für die Wiedereinführung der Todesstrafe zu plädieren. Teile der öffentlichen Meinung begrüßten deshalb die Selbstjustiz der Marianne Bachmeier, weil der kranke Mörder ihrer Tochter womöglich gar nicht einmal wegen Mordes schuldig gesprochen worden wäre, eine Tatsache, die aber wiederum einen kultivierten Rechtsstaat ausmacht. Keine Frage: Das Schwurgericht in Lübeck hätte es ungemein schwer gehabt, einen Richterspruch zu fällen, der unabhängig, objektiv und sachlich gewesen wäre, unbeeinflußt vom Druck und der Erwartungshaltung des Publikums und der zahlreichen Veröffentlichungen nach dem Motto: Die Kindermörder können Milde erwarten, die gestraften Mütter müssen büßen . . .

Gerhard Mauz schrieb anläßlich des Verfahrens gegen Marianne Bachmeier im »Spiegel« (1/82): »Die Zustimmung, die Marianne Bachmeiers Tat fand, glich in dem, was in öffentlichen Erklärungen und Leserbriefen hochschlug, einem Aufstand. ›Moralisch‹ wurde die Tat genannt, die Täterin eine ›Heldin‹. Marianne Bachmeier habe nur ihre Pflicht als Mutter erfüllt. Es wurde ein entsetzliches Rachebedürfnis sichtbar – ein Bedürfnis nach Rache, das die Strafgerichte allenfalls mit der Todesstrafe (möglichst durch Rädern, Pfählen und Vierteilen) stillen könnten. Das Strafverfahren gegen Marianne Bachmeier ist auch ein Verfahren gegen den Jubel über ihre Tat. Die Strafjustiz befindet sich sozusagen in einer Notwehrsituation.«

Der Prozeß gegen Marianne Bachmeier war nicht minder spektakulär und aufsehenerregend als ihre Tat selbst. Hunderte Fotografen aus dem In- und Ausland, Reporter, Radio- und TV-Teams belagerten das Gerichtsgebäude in Lübeck. Wo immer Marianne Bachmeier auftauchte, prasselte ein Blitzlichtgewitter auf sie nieder. Sie geriet zum zweifelhaften Star, angeklagt wegen Mordes, und das

143

hieß im Falle einer Verurteilung nach dem Strafgesetzbuch: eine gesetzlich festgelegte lebenslange Freiheitsstrafe. Doch der Bundesgerichtshof in Karlsruhe hatte 1981 in einem Grundsatzurteil diese strikte Auslegung bei Mord modifiziert und für den Fall besonderer Umstände auch die Möglichkeit einer zeitlich begrenzten Freiheitsstrafe von 15 und weniger Jahren zugestimmt, die anstelle von »lebenslänglich« in Ausnahmefällen sogar eine Freiheitsstrafe »nicht unter drei Jahren« zuließ. Marianne Bachmeier konnte also durchaus mit drei Jahren davonkommen, vorausgesetzt . . .

Der Prozeß fand nicht im eigentlichen Schwurgerichtssaal des Lübecker Gerichts statt, also an dem Ort, an dem Marianne Bachmeier Annas Mörder erschossen hatte, sondern in einem öffentlichen Gebäude ganz in der Nähe des eigentlichen Gerichtssaals. Einmal wollten die Richter einer möglichen Befangenheit wegen des Tatorts keinen Vorschub leisten, zum anderen bot der der neue Saal mehreren hundert Zuschauern Platz, wurde also dem Massenansturm an Presse und neugierigen Lübeckern gerecht.

Die Lebensgeschichte der Marianne Bachmeier, durch drei psychiatrische und psychologische Gutachter in einen Zusammenhang zur Tat gestellt, spielte eine wesentliche Rolle bei der Beurteilung des Falles durch das Gericht. Die Gutachter attestierten, daß sich Marianne Bachmeier in einem »seelischen Ausnahmezustand« befunden, es sich also um eine »Konflikttat im Zustand affektiver Spannung« gehandelt hatte, als sie auf den Mörder ihrer Tochter im Gerichtssaal feuerte. Die Schüsse auf Klaus Grabowski seien eine »affektive, aggressive Entladung« gewesen. Marianne Bachmeier, ausgesprochen intelligent, aber eine »narzistisch gestörte Persönlichkeit« habe die Pistole zur persönlichen moralischen Stärkung, zur Überwindung persönlicher Angst bei sich getragen, verurteilungswürdig zwar, aber unter bestimmten Bedingungen nachvollziehbar. Die Gutachter billigten Marianne Bachmeier übereinstimmend zu, die Tat nicht vorsätzlich begangen zu haben.

Als Marianne Bachmeier, Nebenklägerin und somit aller Protokolle einsichtig, durch einen Zufall vernommen hatte, daß Grabowski an diesem Verhandlungstag sprechen und Anna als »kleine

Nutte« darstellen wollte, die ihn, den vorbestraften Sexualtäter erpressen und denunzieren wollte, was freilich längst widerlegt war, habe sie die Pistole gezogen und geschossen. Die Verteidigung: Die Angeklagte habe ihre Tochter verteidigen wollen.

Das Gericht ließ den Mordvorwurf und einen Tötungsvorsatz fallen und entschied auf Totschlag und unerlaubten Waffenbesitz. Nach 28 Verhandlungstagen und einer Prozeßdauer von vier Monaten fiel das Urteil: sechs Jahre Haft, die Untersuchungshaft wurde angerechnet. Bis zur endgültigen Bestätigung durch den Bundesgerichtshof Ende 1983 blieb Marianne Bachmeier auf freiem Fuß. Dann trat sie ihre Gefängnisstrafe an, konnte aber die Haftanstalt vorzeitig verlassen – und wanderte mit ihrem Mann, Annas Vater, aus. Obwohl das Gericht – so Kritiker – ausgesprochen milde und nachsichtig geurteilt hatte, wohl auch deshalb, weil die Lübecker Justiz im Fall Grabowski und seiner genehmigten Hormonbehandlung allzu leichtfertig gehandelt hatte, konnte keine Rede davon sein, daß sich die Richter in Urteil und Beurteilung dem Joch der öffentlichen Meinung und der »tobenden öffentlichen Meute« (»Zeit« vom 12. November 1982) gebeugt hätten.

145

WER HAT KAROLA UND MELANIE GETÖTET?

Der »Mordfall Weimar«

Eigentlich hätte dieser Mordfall doch recht schnell und einfach aufgeklärt werden können. Denn es gab nur zwei ernsthaft in Frage kommende Tatverdächtige: Die Eltern der beiden ermordeten Mädchen Karola und Melanie Weimar – Vater Reinhard, ein 34jähriger Bergwerksschlosser und Mutter Monika, eine 28jährige Krankenpflegehelferin. Doch es kam alles ganz anders, der Fall geriet äußerst kompliziert.

Der »Fall Weimar« zeichnete sich durch einige wesentliche Merkmale aus: Einen grauenhaften Mord an zwei Kindern, ein deutsches Familiendrama, ein spießbürgerliches und kleinkariertes Milieu am Ort des Verbrechens, eine bis zur Geschmacklosigkeit agierende Presse, eine sensationslüsterne Öffentlichkeit, eine schlampende Staatsanwaltschaft und lückenhafte kriminalistische Ermittlungen, den längsten Indizienprozeß in der Geschichte der Bundesrepublik und schließlich einen äußerst umstrittenen Schuldspruch: lebenslänglich für Monika Weimar.

Es geschah am 4. August 1986 in der kleinen nordhessischen 5.500-Seelen-Gemeinde Philippsthal an der Grenze zur DDR, unweit von Bad Hersfeld. Die junge Frau Weimar, verzweifelt, aufgelöst, erschien bei der örtlichen Polizei und meldete ihre beiden kleinen Töchter, die siebenjährige Melanie und die fünfjährige Karola, als vermißt. Eine großangelegte Suchaktion rund um die Uhr blieb ohne Erfolg, ein Verbrechen, eine Entführung konnte nicht mehr ausgeschlossen werden. Entsprechende Meldungen flatterten über die Nachrichtenagenturen als Fünf-Zeiler auf die Schreibtische der Lokalredaktionen der Zeitungen und des Rundfunks. »Bild« fahndete stellvertretend für große Teile der Nation nach der möglichen »Bestie«, nach dem »Trieb-Mörder«.

Eigentlich nichts unbedingt Außergewöhnliches, denn wie häufig galten schon Kinder als vermißt, die plötzlich bei der Großmutter in Ferien oder verspätet aus dem Kindergarten heimgekommen waren und die zuvor schon von »Bild« einem Verbrechen zugeordnet worden waren. Doch bei Melanie und Karola war tatsächlich etwas Entsetzliches geschehen. Ein Verbrechen, das ein kleines Provinznest aus den Fugen geraten lassen und zum kriminalistischen Mittelpunkt der Republik werden sollte.

Am 7. August wurden die schlimmsten Vermutungen wahr: Ein Busfahrer hatte zufällig die Leiche eines der Kinder in einem Brennesselgebüsch am Straßenrand, wenige Kilometer vom Elternhaus Weimar entfernt, entdeckt. In einem anderen Gebüsch lag das tote Schwesterchen. Ein Kind, so das gerichtsmedizinische Gutachten, war durch ein Kissen erstickt, das andere erwürgt worden. Ein Sexualverbrechen konnte schnell ausgeschlossen werden, alles deutete darauf hin, daß der Mörder der Kinder aus der Familie Weimar selbst kommen mußte, daß das entsetzliche Verbrechen der schreckliche Höhepunkt einer Familientragödie war, einer Tragödie, deren Inhalte bei genauer Betrachtung eigentlich so außergewöhnlich auch wieder nicht waren, aber die wohl deshalb Presse und Öffentlichkeit so ungemein aufwühlten, weil etwas geschehen war, was innerhalb einer guten deutschen Familie nicht geschehen durfte, in der kleinen, heilen, miefigen Provinz-Welt, wo intaktes Familienglück selbst dann noch dem neugierigen Nachbarn vorgelebt wird, wenn es in Wirklichkeit schon verrottet ist.

Die »Zeit« (19/87) charakterisierte das Geschehen dieser Tage so: »Faszinierend und erschreckend zugleich ist der allen gemeinsame kleinste Nenner: die Familie. Mutter, Vater und zwei Kinder. In einer Familie darf so etwas nicht passieren. Und gerade dort passiert es. Bei Weimars gingen die Jahre vorüber wie anderwo auch.« Und die »Zeit« beschrieb das »normale« Leben dieser Familie so: »Daß der Vater zuviel Bier trank – normal. Daß die Mutter mit dem Haushaltsgeld nicht immer auskam, weil er für seine Hobbys mehr als sein Taschengeld verbrauchte — normal. Daß ihm das Kindergeschrei und die nasse Wäsche auf die Nerven gingen, er spätestens beim zweiten Kind in die Kneipe flüchtete — normal. Daß es ihr genauso ging, sie aber bei den Kindern aushalten mußte — auch normal. Daß er zwei-, dreimal die Woche mit ihr schlafen wollte — normal. Daß sie schon lange nicht mehr wollte, weil er keine Zeit auf Zärtlichkeiten verwandte, sie sich darüber beschwerte und er behauptete, das sei aber normal so — auch normal. Soweit also die intakte Familie Weimar.«

Ein Ort geriet in einen Rausch, die Presse, allen voran »Bild« und »Quick« beherrschten die Szene, köderten Nachbarn der Weimars mit Geld zu Interviews und Äußerungen, hielten wochenlang die Stellung, vorverurteilten, hechelten nach Stories für ein voyeuristisches Millionenpublikum. Die »intakte« Familie wurde gnadenlos entzaubert, das Privatleben der Weimars auf dem journalistischen Präsentierteller verhackstückt. Für die »taz« vom 16. September 1986 stand fest: »Im Mordfall Karola und Melanie Weimar ermittelt jetzt auch die Regenbogenpresse.« Eine Hundertschaft an Journalisten belagerte wochenlang das »Mordhaus« und das kleine Philippsthal, Ortsteil Röhringshof. Hier wohnte das Ehepaar Weimar in einem von drei etwas abgelegenen Häusern einer 100-Personen-Siedlung aus den 50er Jahren, gebaut für die Arbeiter des nahegelegenen Kali- und Salzbergwerkes, wo Reinhard Weimar unter Tage arbeitete. Im Hause Weimar wohnten neben dem Ehepaar, den Töchtern Karola und Melanie auch noch Monikas Schwester, beide verheiratet, mit ihren Männern, die Mutter Monika Weimars und in der obersten Etage deren Großmutter Monikas, also die Urgroßmutter der beiden ermordeten Mädchen.

Und nicht nur »Bild« verkündete, was alle Philippsthaler längst wußten: Monika Weimar hatte seit Monaten einen Geliebten, den amerikanischen GI Kevin Pratt. Aber was die hessischen Spießer nicht ahnten: Bei dem US-Soldaten fand Monika Weimar die sexuelle Bestätigung und Befriedigung, die sie bei dem eher schlichten Ehemann nicht erlebte. Für die Nachbarn der Weimars stand deshalb fest, und die Pressemeute zahlte für deftige, verkaufsför-

148

dernde Äußerungen auch noch Cash: Monika Weimar war eine »Ami-Hure«, der Ehemann ein »armes Schwein«, das betrogen worden war. Überhaupt, so wußten jetzt die Provinz-Astrologen, sei Monika Weimar eine kaltherzige und egoistische Frau, eine dem Amerikaner »sexuell hörige … Hexe«, der die Kinder plötzlich im Wege waren, die aus dem Weg geräumt werden mußten. Der Monika Weimar begleitende Tenor wurde von ihren Anwälten auf folgenden Nenner gebracht: »Eine deutsche Mutter tut das nicht. Wer sich mit einem GI einläßt, der ist zu allem fähig.«

Für völlige Verwirrung und immer neue Spekulationen über den Mörder der beiden Mädchen sorgten die Ermittlungsbehörden, die Staatsanwaltschaft und die Kriminalpolizei. Ohne Übertreibung läßt sich im nachhinein konstatieren, daß es ein vergleichbares Verwirrspiel, ein Gemisch von profilierungssüchtigen Beamten, katastrophalen Ermittlungsfehlern, Vorverurteilungen und Erfolgszwängen aufgrund öffentlichen Drucks in der bundesdeutschen Kriminalgeschichte noch nicht gegeben hatte. Dabei standen die möglichen Mörder für Polizei und Staatsanwaltschaft sehr schnell fest: Entweder Monika oder Reinhard Weimar mußte die Kinder umgebracht haben. Eine dritte Person, etwa der Geliebte Monika Weimars, schied aus, er hatte ein Alibi und konnte versichern, von einem möglichen mörderischen Vorhaben seiner Geliebten nichts gewußt zu haben.

So lief der »Fall Weimar« denn auch zwischenzeitlich als hessische Provinzposse ab. Da wurde die Mutter der beiden ermordeten Mädchen, Monika Weimar, verhaftet, die Kripo verkündete stolz, die mutmaßliche Mörderin dingfest gemacht zu haben, doch der Haftrichter ließ Monika Weimar wegen mangelnden Tatverdachts schon nach wenigen Tagen wieder frei. Tags darauf wurde Reinhard Weimar verhaftet. Der Fuldaer Oberstaatsanwalt Rudolf Ferdinand Matzke ließ mitteilen: »Kriminalistisch ist der Fall gelaufen. Nur mit dem justizförmigen Nachweis gibt es noch Probleme.« Die Herrschaften der Staatsanwaltschaft gaben sich sicher, den Mörder nun gefaßt und hinter Gittern zu haben und triumphierten vor der Öffentlichkeit, zumal Reinhard Weimar trotz ständiger Beteuerung

149

seiner Unschuld meinte: »Wenn ich es getan habe, dann kann ich mich daran nicht mehr erinnern.«

Die Stimmung und Meinungsbildung innerhalb der Kriminalpolizei teilte sich von nun an in zwei Lager. Für die einen war Monika Weimar die Mörderin. Ganz einfach: Ihr seien die Kinder wegen ihres Geliebten im Wege gewesen. Ein anderer Teil der Kriminalisten folgte den Staatsanwaltschaften in Fulda und Bad Hersfeld in der Ansicht, nur der Vater könne ein wirkliches Motiv für die Ermordung der Kinder gehabt haben, aus Angst, seine Frau könne dem amerikanischen Soldaten mitsamt den Kindern in die USA folgen, zumal Monika Weimar immer wieder von ihrem Geliebten gedrängt worden war, sich doch endlich scheiden zu lassen.

Doch auch im Falle Reinhard Weimars reichten die Haftgründe nicht aus, der Bergwerksschlosser wurde auf freien Fuß gesetzt. Eine wutentbrannte Beschwerde gegen die Freilassung des mutmaßlichen Mörders folgte, der aber nicht stattgegeben wurde. Ende Oktober mußte der in Bad Hersfeld ermittelnde Staatsanwalt Raimund Sauter seinen Hut nehmen. Der Ermittlungs-Skandal war perfekt.

Wenige Tage später dann erneut die Verhaftung Monika Weimars. Plötzlich wurde sie im Wirrwarr der 1000 Hinweise aus der Bevölkerung wieder als Mörderin gehandelt. Jetzt ließen Staatsanwaltschaft und Kripo nicht mehr locker. Denn man brauchte ein Ergebnis, zumal zwischenzeitlich die Boulevard- und Bilderpresse die Suche nach dem Mädchenmörder, verbunden mit viel Bargeld und miesen Machenschaften, selbst in die Hand genommen hatte. So oder so, ein Täter oder eine Täterin mußte her. Die Mutter, Monika Weimar.

Tatsächlich sprach eine Menge für die Täterschaft Monika Weimars, aber eben auch viel für Vater Reinhard. Der 3. August 1986 war ein Sonntag. Monika Weimar hatte sich mit ihrem Freund, Kevin Pratt, zu einem Picknick an einem See in der Nähe von Bad Hersfeld verabredet — gemeinsam mit den beiden Mädchen. Kurz vor der Abfahrt kam es im Hause Weimar zu einer Auseinandersetzung zwischen Monika und ihrem Mann, als dieser vorschlug, die

150

Picknick-Gesellschaft zum Baden zu begleiten. Als Monika Weimar ihrem Mann ins Gesicht sagte, das komme überhaupt nicht in Frage, schließlich kümmere er sich ja auch sonst nicht um die Kinder und Schwimmen könne er obendrein doch auch nicht, kam es zu einem handfesten Krach.

Der Tag am See verlief harmonisch und friedlich, Vater Reinhard machte sich daheim einen Fernsehnachmittag und betrank sich – wie so häufig. Gegen Abend kam Monika Weimar mit den Kindern wohlgelaunt nach Hause, bereitete die Kinder für die Nacht vor und schickte sie noch ein wenig zum Vater vor den Fernsehapparat, während sie selbst sich für den Disco-Besuch in Bad Hersfeld schön machte, denn sonntags ging es meistens mit Kevin und ihrer jüngeren Schwester, die auch so allerhand Eheprobleme hatte, ins »MP«.

Was schließlich in dieser Nacht geschehen war, ließ sich letztendlich nicht mehr genau rekonstruieren. Die Version Reinhard Weimars war folgende: Er habe so gegen zehn Uhr die Kinder zu Bett gebracht und sich dann selbst schlafen gelegt. Erst am Morgen sei er wieder aufgewacht, freilich, einige Stunden mag er auch wach im Bett gelegen haben. Monika Weimar hingegen behauptete, allerdings erst Tage nach einer anderen Version, mit der sie ihren Mann, den Mörder, aus einem angeblich aus dem Ehebruch heraus resultierenden Schuldgefühl gedeckt hatte, ihr Mann habe die Kinder umgebracht. Gegen drei Uhr nachts sei sie, nach einem Schäferstündchen mit Kevin Pratt im weißen VW-Passat, zurück in die Wohnung gekommen und habe ihren Mann weinend neben den toten Mädchen hocken sehen. »Jetzt kriegt keiner von uns die Kinder«, habe ihr Reinhard Weimar zugeschluchzt und dann sei sie ihrerseits weinend zusammengebrochen. Im Morgengrauen dann habe Reinhard Weimar die beiden toten Töchter fortgeschafft und ihr später von dem Gebüsch nahe eines Parkplatzes berichtet, wo er die toten Mädchen abgelegt hätte.

Doch Nachbarn gaben an, Karola und Melanie noch Montagfrüh im Sandkasten spielen gesehen zu haben, zu einem Zeitpunkt also, als Reinhard Weimar noch im Bett lag und schlief. Für die Staatsanwaltschaft stand daher fest: Monika Weimar war am 4. August

1986 gegen 11.30 mit ihren beiden Töchtern zu dem besagten Parkplatz gefahren, hatte dort die beiden Mädchen umgebracht und im Gebüsch versteckt. Wieder zu Hause bereitete sie das Essen und bat die nicht aufzufinden waren und diese schließlich als vermißt zu Tisch. Dann habe sie ihren Mann nach den Kindern geschickt, gemeldet.

Der Prozeß gegen Monika Weimar begann als außergewöhnliches Medienspektakel am 23. März 1987 vor der Schwurgerichtskammer des Landgerichts Fulda. Vor den Richtern bezichtigten sich Monika und Reinhard Weimar, der als Zeuge und Nebenkläger zugelassen war, gegenseitig, ihre Kinder ermordet zu haben. Nach 44 Sitzungstagen und der Vernehmung von fast 100 Zeugen wurde Monika Weimar wegen Mordes zu einer lebenslangen Freiheitsstrafe verurteilt.

In dem reinen Indizienprozeß, der viele Fragen unbeantwortet ließ, räumte das Gericht zwar ein, daß »das Motiv weitgehend im Dunkeln geblieben ist«, aber es sah es als erwiesen an, daß die Kinder nicht in der Nacht, sondern am nächsten Vormittag ermordet worden waren. Für das Gericht stand fest, daß Monika Weimar ihre Töchter geplant und heimtückisch umgebracht hatte, aus »Selbstsucht«, gleichwohl sie die Kinder auch »geliebt« habe. Für das Gericht stand weiter fest, daß die Kinder den Zukunftsplänen Monika Weimars mit ihrem Geliebten Kevin Pratt im Wege gewesen waren, obwohl zwei kompetente Gutachter diese Annahme als widerlegt betrachtet hatten. Laut Gericht mußte Monika Weimar eine Notlage empfunden und eine Befreiung daraus nur in der Tötung Kinder gesehen haben. Sie sei daher für die Tat »voll verantwortlich«.

Viola Roggenkamp schrieb in der »Zeit« (3/88): »In Monika Weimar aber wurde eine Rollenbrecherin verurteilt, eine Frau, die es gewagt hat, aus ihrer langweiligen, unerträglichen bis katastrophalen Ehe auszubrechen, sich einen Liebhaber zu nehmen, vor den Augen all derer, die sich der herrschenden, womöglich erdrückenden Moral beugen. Diesen Zusammenhang hat die Verhandlung über zehn Monate erbringen können. Die Verwerflichkeit des Han-

152

delns der Angeklagten machte die ungeheuerliche Tat für das Gericht denkbar. Daß die renommierten Gutachter, die Psychologin Elisabeth Müller-Luckmann und der Psychiater Willi Schumacher, zu absolut positiver Einschätzung gekommen waren, Monika Weimar eine solche Tat nicht zutrauten, war für das Gericht ohne Belang.«

Als das Urteil gegen die »Ami-Hure« und »Hexe« verkündet wurde, brandete im überfüllten Gerichtssaal Applaus auf. Besonders Frauen, Hausfrauen und Rentnerin riefen »Bravo!«. Der »Stern« bemerkte: »Und als das Urteil draußen ankommt, erhebt sich Volkes Stimme: Viele Hunderte johlen, pfeifen und klatschen, daß es noch durch die geschlossenen Fenster dringt.« Die »taz« beschrieb die Menschenmenge, die sich schon seit den frühen Morgenstunden rund um das Gerichtsgebäude zusammengerottet hatte, so: »Fast tausend Schaulustige warteten in Volksfeststimmung auf die Angeklagte . . . als Monika Weimar aus dem Hinterausgang des Gerichtsgebäudes gebracht wurde, skandierte die Menge: ’Hexe, Hexe!’«. Und die »Stuttgarter Zeitung« vermerkte: »In ihrer Gnadenlosigkeit spiegelte Volkes Stimme die allgemeine Stimmung unter den Hunderten von Neugierigen wider, die sich am Freitag nachmittag nicht entgehen lassen wollten, wie Monika Weimar ins Landgericht Fulda geführt wurde, um das Urteil zu erfahren. Als der Vorsitzende Richter der 1. Großen Strafkammer, Klaus Bormuth, sein ’schuldig’ und ’lebenslänglich’ wegen doppelten Kindesmordes verkündete und der Schuldspruch von an den Fenstern stehenden Zuschauern der sensationslüsternen Menschenmenge im Freien signalisiert wurde, da applaudierten, ebenso wie zuvor im Gerichtssaal, vor allem Frauen.«

Für Monika Weimar, ihre Anwälte und zahlreiche Prozeßbeobachter war das Urteil ein Schock, ein Ergebnis der Vorverurteilung dieser Frau, für die es alternativ nur für einen Freispruch hätte geben können, der aber gleichzeitig mit der Mordanklage gegen Reinhard Weimar hätte einhergehen müssen. Selbstverständlich, daß die Anwälte Monika Weimars gegen dieses argumentativ wackelige Urteil Revision einlegten. Zu verheerend waren zahlreiche Zeugenaussagen, zu voreingenommen das Gericht gegen die Angeklagte. Dann der zweite Schock Anfang 1989: Der Bundesgerichtshof (BGH) in Karlsruhe verwarf die Revision und bestätigte das »lebenslänglich« für Monika Weimar durch das Fuldaer Schwurgericht. Mit dieser Entscheidung ging eines der aufsehenerregendsten und umfangreichsten Indizienverfahren der Nachkriegsgeschichte zu Ende.

Monika Weimar – zwischenzeitlich von ihrem Mann geschieden – beteuert nach wie vor ihre Unschuld ... Und Kritik will nicht verstummen daran, daß mit Monika Weimar in erster Linie eine Frau verurteilt worden ist, die sich einen Geliebten genommen hatte, ihren Mann verlassen wollte, auszubrechen beabsichtigte aus einer unerträglichen Ehesituation, also den herkömmlichen Moralvorstellungen aus Männersicht nicht entsprach. Einer solchen Frau und Mutter kann man auch einen Kindermord zutrauen.

DAS KIDNAPPING VON GLADBECK

Ein Geiseldrama macht Geschichte

Dienstag, 16.8.1988: Kurz vor 8 Uhr überfallen zwei vermummte Männer eine Filiale der Deutschen Bank in Gladbeck. Fünfzehn Minuten später ist die Bank von Polizei und einem Spezialeinsatzkommando (SEK) umstellt. Die Männer halten einen Kassierer und eine Kundenberaterin als Geiseln fest. Die Geiselnehmer verlangen 300.000 Mark in bar und ein schnelles Fluchtfahrzeug.

Dienstagabend: Die beiden Geiselnehmer Dieter Degowski und Hans-Jürgen Rösner verlassen mit ihren Geiseln in einem von der Polizei mit Wanzen und Peilgerät präparierten Wagen Gladbeck und fahren kreuz und quer durchs Ruhrgebiet. Sie besorgen sich gewaltsam zwei neue Fluchtautos, lassen ihre Komplizin Marion Löblich zusteigen, kaufen ein, telefonieren, konsumieren reichlich Alkohol und Aufputschmittel und werden von einem Journalisten-Tross verfolgt. Die Strategie der Polizei: Keine sichtbare Verfolgung der Geiselnehmer, bis sich die Gangster in Sicherheit wiegen und die Geiseln freilassen. Die Polizei bittet die Medien um Zurückhaltung – vergeblich.

Mittwochmorgen: Die Geiselnehmer fahren mit ihren Geiseln auf der Autobahn Richtung Bremen. In Bremen kaufen sie ein, telefonieren, werden bereits von Fernsehteams und Journalisten erwartet. Sie gehen mit ihren Geiseln zu Fuß zu einer Bushaltestelle und kapern einen Bus mit 30 Personen. Ein abenteuerliches Szenarium beginnt: Die Gangster geben Interviews, hantieren mit ihren Waffen vor laufenden Kameras, schießen um sich, zählen ihre Beute und produzieren sich wie Medienstars. Journalisten dienen sich als Vermittler an, lamentieren über die scheinbar mangelnde Präsenz der Polizei, durchkreuzen alle polizeilichen Strategien. Die Fernsehöffentlichkeit sieht einen »Krimi live«.

Mittwochabend: Der Bus setzt sich in Bewegung. Unzählige Autos, Taxis und Motorräder verfolgen das gekaperte Fahrzeug. Reporter berichten live von der Autobahn. Bei einem Stop an der Autobahn-Raststätte Grundbergsee werden die beiden ursprünglichen Geiseln freigelassen. Als aber die Komplizin der beiden Gangster vorübergehend von Polizeibeamten festgenommen wird, schießen die Geiselnehmer einem jungen Italiener in den Kopf, wenig später stirbt er.

Mittwochnacht: Der Bus fährt Richtung niederländische Grenze. Die Geiselnehmer schießen auf sie verfolgende Fahrzeuge, in denen Journalisten sitzen. Ein Polizeifahrzeug verunglückt, ein Polizist stirbt. An der Grenze wird der Journalisten-Pulk festgehalten. Die niederländische Polizei stoppt anschließend den Bus und stellt den Gangstern ein schnelles Fluchtfahrzeug zur Verfügung. Im allgemeinen Durcheinander können zahlreiche Geiseln entkommen, zwei junge Mädchen werden von den Gangstern als Geiseln behalten. Die Komplizin der Gangster wird bei einer Schießerei verletzt.

Donnerstagmorgen: Das Geiselfahrzeug fährt zurück in die Bundesrepublik. In einer Wuppertaler Apotheke lassen die Kidnapper ihre Komplizin medizinisch versorgen. Wenig später taucht der Wagen überraschend in der Kölner Innenstadt auf. In der Breiten Straße werden die Gangster erkannt und von Schaulustigen und Journalisten umringt. Wieder Interviews, ein riesiges Medienspektakel. Die Polizei will nun an den Wagen herankommen, wird aber von Schaulustigen und sensationshungrigen Journalisten daran gehindert. Der stellvertretende Chefredakteur des Kölner »Express« dient sich den Kidnappern schließlich als Fluchthelfer aus der Stadt an.

Donnerstagmittag: Auf der Autobahn Richtung Frankfurt wird das Geiseldrama in einer spektakulären Aktion beendet, bei der eine Geisel erschossen wird und die Kidnapper verletzt überwältigt werden. Die »weiche Linie« der Polizei endet nach 54 Stunden in einem Kugelhagel und Blutbad.

Das spektakuläre Kidnapping von Gladbeck hat in der Bundesrepublik eine bis dahin nicht gekannte Diskussion ausgelöst. Begann

156

der Banküberfall mit Geiselnahme eigentlich ganz »normal« und unterschied er sich anfänglich nur in Nuancen von seinen Vorläufern, so erhielt er plötzlich eine Eigendynamik, wie es sie bislang in vergleichbaren Fällen nicht gab. In die Diskussion gerieten die Medien, die Polizei, die politischen Verantwortungsträger, das Verhalten der Öffentlichkeit. Die »taz« formulierte es am 25. August 1988 so: »Eine Nation blickt durchs Fadenkreuz – Gladbeck allerorten: in Parlamenten, an Stammtischen und in den Fernsehstuben.«

Nie zuvor in der jüngeren Kriminalgeschichte der Bundesrepublik wurde einer voyeuristischen Öffentlichkeit ein solches Kriminalstück über die Medien frei Haus geliefert, beeinflußten die auf Sensationen geeichten Journalisten und Medienmacher eine Geiselnahme und deren Ausgang in solch eklatanter Weise. Wolfgang Menges »Millionenspiel«, vor Jahren eine eher für phantastisch gehaltene Fiktion eines »Krimis real« via TV, wurde über Nacht blutig-spektakuläre Wirklichkeit. Journalisten aller Couleur buhlten bei den Geiselgangstern um Interviews und Fotos, machten sich gegenseitig die Exklusivität streitig und jagten sich ihr Material ab, lieferten die Geiselnahme über die Fernsehkanäle in Millionen Wohnstuben – ganz gleich, ob privat oder öffentlich-rechtlich. Journalisten führten mit den Gangstern – vorbei an der Polizei, ja, sogar gegen sie – Verhandlungen, gaben den Entführern Regieanweisungen und beeinflußten bzw. behinderten in hohem Maße die Arbeit der Polizei. Nicht das Leben der Geiseln, das Ziel eines schnellen, unblutigen Endes, dirigierte die Medienregie, sondern der kostenlos gelieferte Krimi, eine Dramaturgie à la Schimanski. Die Staatsanwaltschaft ermittelte schließlich gegen zahlreiche Journalisten wegen des Verdachts der Beihilfe zur Geiselnahme, des Verdachts der fahrlässigen Tötung, unterlassener Hilfeleistung, Begünstigung oder versuchter Strafvereitelung.

Eine neue Dimension dieses Kidnappings aber auch in anderen Bereichen: So erlebte die Öffentlichkeit eine teilweise konfuse Polizei, die, ursprünglich dem Konzept einer eher moderaten Vorgehensweise zugetan, sich schließlich unter dem Druck der Medien

157

und einer erwartungsheischenden Öffentlichkeit, zu einer blutigen Beendigung des Geiseldramas veranlaßt sah. Eine Serie von Pannen, Unterlassungen und Fehleinschätzungen der jeweiligen Situationen begleiteten die polizeilichen Einsätze in Nordrhein-Westfalen und Bremen.

Schon während und besonders nach dem Geiseldrama begann ein Gerangel um Kompetenzen und Hoheitsrechte auf Länder- und Bundesebene. Schuldzuweisungen und Unterstellungen, eine unterschiedliche Auslegung und Handhabung der Polizeiaufgabengesetze und der juristischen Grundlagen sowie verschiedene Lösungsmuster bestimmten die Diskussion. Unterschiedliche Strategien der einzelnen Bundesländer, innenpolitische Differenzen der Entscheidungsträger, ein peinlicher Streit über »Täter- und Opferschutz« offenbarte einen tiefen Graben innerhalb der Bevölkerung und ihrer politischen Führung. Der makabere Höhepunkt: die vom damaligen bayerischen Ministerpräsidenten Franz Josef Strauß und seinem Innen-Staatssekretär Peter Gauweiler inszenierte Nachstellung der Geiselnahme von Gladbeck mit bayerischem »Lösungsmuster«, dem »Finalen Rettungsschuß«, zu einem Zeitpunkt, da die Opfer der Entführung noch nicht begraben waren.

Die Diskussion kreiste also nicht nur um die journalistische »Ausbeutung der Geiseln als Ware«, um die Rolle von Staat, Politik und Polizei, sondern um die Gesellschaft insgesamt, die sich an dem blutigen Spektakel ohne erkennbare moralisch-ethische Skrupel beteiligte. Sensationsgier, Einschaltquoten, Gefühlskälte, Menschenverachtung, Hemmungslosigkeit, Illiberalität bestimmten weitgehend die Szene. »Gewiß wäre die These mehr als gewagt, der Zustand einer Gesellschaft spiegele sich in ihrer Kriminalität wieder«, schrieb Robert Leicht in der »Zeit« (35/88) unter der Überschrift »Das grausame Spiel mit dem Entsetzen – Polizeiliche Pannen dürfen rechtsstaatliche Prinzipien nicht erschüttern«. Und weiter: »Ganz bestimmt aber geben die Reaktionen auf ein sensationelles Verbrechen Einblick in die innere Verfassung eines Gemeinwesens, Polizei, Presse und Politik – was lehrt uns ihr Verhalten in und nach dem Geiseldrama von Gladbeck über den Zustand in unserer Republik?«

So entbrannte die Diskussion um neue Gesetze, den Rechtfertigungsnotstand der Polizei, den Schießbefehl, die »weiche Welle« von Nordrhein-Westfalen gegen die »Scharfmacher« aus Bayern, den »Finalen Rettungsschuß«, die Praxis des Hafturlaubs, die Wiedereinführung der Todesstrafe. Robert Leicht: »Auch bei der Verfolgung von Verbrechen abwägen zu können: hier Geld und Staatsräson, dort Leib und Leben – das macht keinen schwachen Staat, sondern nachgerade die moralische Stärke unserer Rechtsordnung aus. Das gilt selbst dann, wenn Kriminelle sich diese Skrupel zunutze machen und Geiseln nehmen, weil sie wissen, daß unser Staat das Leben Unschuldiger höher setzt als alles andere.«

TODESSCHÜSSE AUF HOHER SEE

Meuterei auf der »Apollonia«

Auf Gran Canaria mußten sie von Bord: Paul Termann, Anfang 40, und seine Freundin Dorothea Permin, Ende 30, eine eher unscheinbare, ruhige Frau, die ihren bärtigen Freund anhimmelte, ihn, den Segler, mit dem sie die Welt erobern wollte. Paul Termann, zuletzt, also vor dem großen Turn, als Lokomotivführer tätig, hatte alle Brücken hinter sich und seiner Freundin abgebrochen, um sich endlich in das Abenteuer seines Lebens zu stürzen, von dem er immer schon geträumt hatte. Warum sollte ausgerechnet ihm, der so oft enttäuscht worden war, aber als Berufssoldat, Hubschrauberpilot und Stabsunteroffizier Disziplin gelernt hatte, nicht der große Wurf gelingen. Aussteigen, erleben, durchstarten. Das Ziel: die Karibik; der Berufswunsch: Schiffseigner und Charterunternehmer, exotisch leben, frei sein.

Segeln wurde für Paul Termann zur Leidenschaft, die Bundesbahn ödete ihn an. Da stieß der Lok-Führer auf die »Orion« und ihren Kapitän, einen alten und erfahrenen Segler, mit dem er übereinkam, an dessen nächster Weltumsegelung teilzunehmen. 1980 sollte Termin sein. Termann kündigte der Bahn, auch Dorothea Permin gab ihre Stellung auf, beide investierten je 7.500 Mark in das Segelunternehmen und stachen schließlich im Juli 1981 in See, nach unendlichen Verzögerungen, während derer das Paar, mangels einer eigenen Wohnung, schon wochenlang an Bord der »Orion« gewohnt hatte.

Doch von Beginn an war das Verhältnis zwischen Termann und dem Kapitän, den Geldprobleme quälten, und den übrigen Besatzungsmitgliedern aufs äußerste gespannt. Nach drei Wochen legte die »Orion« in einem Jachthafen nahe Puerto Rico auf Gran Canaria an, der Kapitän flog wegen dringender Geschäfte zurück nach

Bremen, Termann und Permin hingen wiederum wochenlang an Bord herum, kümmerten sich ums Schiff und versauerten zusehends. Im Oktober schließlich kam der Eigner der »Orion« zurück auf die Kanarischen Inseln und machte kurzen Prozeß. Neue Pläne, neue Besatzung. Er jagte das Liebespaar von Bord, ohne dessen finanzielle Einlagen zurückzuzahlen.

Paul Termann und Dorothea Permin standen vor einem Scherbenhaufen, die erträumte Weltumseglung schien im deutschen Urlauberparadies auf Gran Canaria jäh zu Ende zu gehen, kein Geld, totaler Frust, wieder einmal mußte sich Termann sein Scheitern eingestehen.

»Aussteigen« ist in, den Traum von der einsamen Insel träumen viele Deutsche, reif für die Insel fühlen sich besonders erfolgreiche Karrieristen, die nach dem wirklichen Sinn des Lebens suchen, denen materieller Erfolg nicht mehr alles ist. Der Krefelder Speditionskaufmann Herbert Klein gehört zur dieser Gruppe. Er kündigt seinen gut dotierten Job, kauft für 180.000 Mark die ehemalige »Wappen von Bremen«, eine ausrangierte Hochseejacht, ein schmuckes Segelschiff, rüstet sie für weitere 100.000 Mark um und tauft sie auf den Namen »Apollonia«. Herbert Klein will mit seiner Freundin Gabriele Humpert in die Karibik, mindestens für ein Jahr, auch er will dort ins Chartergeschäft einsteigen, die »Apollonia« für eine Stange Geld vermieten. Doch Herbert Kleins Reise steht unter schlechten Vorzeichen. In Gran Canaria angekommen, entläßt er seine komplette Crew, die angeblich nicht zu seinem Schiff gepaßt haben soll. Klein braucht dringend eine neue Mannschaft. Er trifft am Kai von Puerto Rico auf Paul Termann, gewinnt Vertrauen und engagiert ihn und seine Freundin. Klein versichert Termann, ihm nach der Fahrt in die Karibik eine Leistungsbescheinigung auszustellen, die diesem zu neuen Jobs verhelfen soll. Das Schicksal beginnt seinen Lauf zu nehmen.

Nachdem in Gran Canaria auf der »Apollonia« eingebrochen worden war, muß Herbert Klein kurzerhand in die Bundesrepublik jetten, um neues Geld zu beschaffen. Bei dieser Gelegenheit komplettiert er die Crew. Mit von der Partie sind Michael Wunsch,

Mitte Zwanzig, der gerade seinen Betriebswirt gemacht hat und unbedingt Erholung braucht, sowie Dieter Giesen, Ende Zwanzig und Kneipier, der mal richtig was erleben will, die Welt kennenlernen möchte, da ist ein Segelturn gerade recht. »Die Crew, die nun zusammenkommt, ist eine hochexplosive Mischung«, notierte Gerhard Mauz im »Spiegel« (47/82). Am 13. Dezember 1981 kam es auf hoher See zur Explosion.

Die Crew der »Apollonia« teilt sich in drei Lager. Herbert Klein und Gabriele Humpert, Schiffseigner und Chefs an Bord, sind zwar auf Abenteuer aus, aufs Aussteigen, verstehen aber vergleichsweise wenig vom Segeln. Anders Paul Termann. Er kennt sich aus, ist in der Theorie fit, schließlich würde er ja auch gerne in der Karibik eine Segelschule betreiben, Segeln zu seinem Lebensinhalt machen. Seine Freundin folgt ihm blindlings. Termann, dem Klein die Rolle des Navigators zugedacht hat, nimmt das Segeln bitterernst, mokiert schon ganz zu Beginn des Turns fehlende Sicherheitsvorkehrungen, sei es das Üben von »Mann über Bord«-Manövern, der Test der Positionspistole, die Rollenverteilung im Ernstfall.

Überhaupt, so wächst der Eindruck, empfindet Termann die Welt als ungerecht. Nicht Klein, sondern er müsse eigentlich das Kommando an Bord haben, wenn ihm das Schiff schon nicht gehöre. Termann, ständig nörgelnd und schulmeisternd, muß sich von Klein, nachdem problemlos ein Sturm überstanden worden war, auch noch mit Häme überschütten lassen. Man entscheidet, nicht mehr gemeinsam zu frühstücken, die Kommandos nicht mehr in der Gruppe zu besprechen und alles nicht so tierisch ernst zu nehmen, es sich vielmehr an Bord gut gehen zu lassen. Mal hängt sich Kapitän Klein an eine Badeleiter und läßt sich von der »Apollonia« durch die Fluten ziehen, mal werden die Wachen schlampig vollzogen, viel geblödelt.

Den beiden Mitreisenden Wunsch und Giesen kommt das alles gerade recht. Urlaub wollen sie machen, einen Segelurlaub ohne Streß. Wunsch, der über Segelerfahrung verfügt, fungiert als Steuermann, Giesen, der Gastwirt, ist der Koch. Für Paul Termann, den Pedanten, ist dieses Verhalten auf hoher See, 2000 Meter über dem

162

Meeresgrund, eine fast unerträgliche Provokation. Und Herbert Klein läßt keinen Zweifel daran aufkommen, daß er sich, sobald man den Zielhafen Bridgetown auf Barbados angelaufen habe, von Termann trennen würde. In Termann entbrennt »bodenloser und tödlicher Haß« gegen Herbert Klein, der in seinen Augen nicht mal einen Seemannsknoten knüpfen kann. Termann versucht laufend, Klein zu belehren, ihn vor den anderen wegen seiner Unkenntnis in puncto Segeln vorzuführen. Termann weiß, daß Klein ihn nicht ganz für voll nimmt und das Segeln nicht so ernst.

Es ist der 13. Dezember, ein Sonntag, der 18. Tag auf See. Gabriele Humpert macht das Frühstück, allerdings nicht für Termann und seine Freundin. Als Termann sich darüber bei Klein beschwert, bekommt er zur Antwort: »Ihr könnt Euer Frühstück in Zukunft selber machen. Im nächsten Hafen steigt Ihr sowieso aus.« Bis Barbados sind es noch 500 Seemeilen.

Plötzlich zieht Termann eine Pistole und bedroht den am Kartentisch sitzenden Klein. »Alles hört auf mein Kommando!« tönt Paul Termann über Deck und kündigt an, daß Herbert Klein und Gabriele Humpert nur noch kurze Zeit zu leben hätten. Er preßt Klein mit gezogenem Revolver fünf Blankounterschriften ab und läßt sich dessen Pistole aushändigen. »Ihr habt noch zehn Minuten zu leben, raucht noch eine letzte Zigarette«, fordert der Meuterer seine Opfer auf. Erst macht sich die Schiffsbesatzung über Termann lustig, doch schlagartig wird ihr klar, daß es der Mann mit seinen Drohungen bitterernst meint. Der Kapitän und seine Freundin betteln um ihr Leben, sie spüren die Brutalität des Navigators.

Man ißt noch gemeinsam, es vergehen Stunden. Immer wieder stößt Termann die Drohung aus, daß Herbert Klein und seine Freundin den Tag nicht überleben werden. Er werde sie erschießen, über Bord werfen und anschließend die »Orion« jagen, um sich an deren Kapitän zu rächen und sein Geld zurückzuholen. Er läßt seine Opfer um Gnade flehen. Terror an Bord. Als Termann am Kartentisch sitzend, um den Kurs zu bestimmen, das Zeichen zum Segelsetzen gibt und ein Segelmanöver einleitet, vermutet die Besatzung einen Trick, um das Schiff auch bei reduzierter Besatzung

163

manövrierfähig zu halten. Klein greift einen Pumpenschwengel und schlägt ihn den über die Karte gebeugten Termann viermal auf den Kopf. Termann langt blutüberströmt zur Pistole und schießt wild um sich ins Cockpit. Er trifft versehentlich Wunsch, der mit einem Lungensteckschuß zusammenbricht. Ein zweiter gezielter Schuß trifft Gabriele Humpert in den Kopf. Sie ist sofort tot. Dieter Giesen sitzt um Gnade flehend auf den Schiffsplanken, Herbert Klein kann im Schutz der Dunkelheit ins Vorderschiff fliehen, zitternd vor Angst, den Pumpenschwengel immer noch als Waffe in der Hand.

Dorothea Permin macht sich gemeinsam mit dem Schützen auf die Suche nach dem Kapitän, sie erspäht ihn im Schein der Taschenlampe. »Da ist er!« ruft sie, und Termann fordert Klein auf, sich doch einmal anzusehen, was mit seiner Freundin Gabi passiert sei. Als Klein sich aus seinem Versteck löst und hervortritt, schießt Termann aus zwei Metern Entfernung ein drittes Mal. Tödlich getroffen stürzt der Schiffseigner über Bord in das Meer. Termann wirft auch Gabriele Humpert über Bord und macht sich penibel daran, das Schiff vom Blut zu reinigen, es zu säubern, jede Spur eines Kampfes zu verwischen. Wunsch und Giesen bedroht er mit dem Leben für den Fall, daß sie nicht parieren oder nach Einlaufen in den Hafen von Bridgetown ein Sterbenswörtchen über die Vorfälle auf der »Apollonia« ausplaudern würden.

Es blieb auch in späteren Prozeß unbeantwortet, warum Termann nicht auch seine beiden Mitwisser liquidiert hatte, mußte er doch damit rechnen, daß sie ihn trotz aller Drohungen irgendwann an den Pranger stellen würden. Nach Meinung der beiden Männer tat Termann ihnen nur deshalb nichts an, weil er sie für das große Schiff als Mannschaft nicht entbehren konnte. Bis die »Apollonia« allerdings vier Tage nach der Bluttat am 17. Dezember in Bridgetown einlief, mußten der lebensgefährlich verletzte Wunsch und sein Freund Giesen in panischer Angst vor der Unberechenbarkeit Termanns um ihr Leben zittern.

Nach der Ankunft auf Barbados berichteten Termann und Dorothea Permin den Behörden, Klein und Gabriele Humpert seien tödlich verunglückt. Während eines Sturmes sei Frau Humpert über Bord gegangen, dann habe Klein die Nerven verloren, eine Schießerei vom Zaum gebrochen, während der er Wunsch schwer verletzt habe und schließlich selbst dran glauben mußte. Die Hafenpolizei in Bridgetown war äußerst mißtrauisch, glaubte Termann aber schließlich und schob die Crew einen Tag vor Weihnachten in die Bundesrepublik ab. Im Januar 1982 konnte auch Wunsch, inzwischen außer Lebensgefahr, die Karibikinsel Richtung Konstanz verlassen. Paul Termann und Dorothea Permin hatten Wunsch und Giesen unmißverständlich eingebleut, daß sie beide sterben müßten, durch Killer-Hand, wenn sie auch nur eine Andeutung über den wahren Tathergang an Bord der »Apollonia« verlauten lassen würden.

Doch Michael Wunsch und Dieter Giesen vertrauten sich einem Anwalt an, stellten sich der Staatsanwaltschaft. Kurz nachdem Paul Termann noch versucht hatte, von Birgit Klein, der Frau des Ermordeten, einen fingierten Schuldschein auf der Blankounterschrift des »Apollonia«-Kapitäns in Höhe von 25.000 einzutauschen, wurden der Todesschütze und seine Freundin verhaftet. Im November 1982 kam es in Bremen zum Prozeß.

Das Verfahren geriet in den Streit der Gutachter, in dem immer wieder die Frage auftauchte, ob aufgrund der extremen Situation an Bord von einer verminderten Schuldfähigkeit auszugehen sei, ob eine vergleichbare Tat an Land beispielsweise möglich gewesen wäre. Die Verteidiger führten auch immer wieder ins Feld, es habe sich um einen zu »entschuldigenden Notstand« gehandelt, in dem sich Termann befunden habe, nachdem ihm Klein den Pumpenschwengel über den Schädel geschlagen hatte. Erst aufgrund dieses Angriffs habe Termann um sich geschossen.

Kurz vor Weihnachten 1982 wurden vor dem Bremer Schwurgericht die Urteile gesprochen: Termann wurde wegen Doppelmords und eines Mordversuchs zu »lebenslänglich« verurteilt, seine Freundin Dorothea Permin erhielt wegen Beihilfe zu den Taten drei Jahre Gefängnis. Für das Gericht stand fest, daß Termann die Personen, die er erschossen hatte, auch tatsächlich hatte töten wollen, nachdem er sich auch auf der »Apollonia« wieder einmal am Ende seiner Träume von einer Seglerkarriere in der Karibik wähnte. Zudem habe er auch die Erniedrigungen durch den »Orion«-Eigner nicht verschmerzt. »Unglaubliche Grausamkeit« hatte der Richter im Verhalten Termanns ausgemacht, nachdem er Klein und Gabriele Humpert erst gedemütigt hatte, um sie dann physisch zu vernichten. Aber es wurde auch immer wieder darauf hingewiesen, daß die Opfer ihrerseits nicht ganz frei von Schuld waren bzw. grundsätzlich sind, wenn es zu solchen menschenlichen Katastrophen kommt — an Bord, auf hoher See, wo es kein räumliches Entrinnen gibt. Schließlich standen am Beginn des Dramas Euphorie, gemeinsamer Erlebniswille, fast Freundschaft.

Die »Süddeutsche Zeitung« schrieb zum Ende des Prozesses am 22. Dezember 1982 unter der Überschrift »Eine Jacht im Sturm der Aggressionen«: »Es ist das Ende eines Dramas, das viele literarische Vorbilder hat, aber in der Rechtsgeschichte der Bundesrepublik beispiellos ist. Es ist die Folge des Überschätzens der eigenen Möglichkeiten in einer Situation, die es an Land nicht gegeben hätte. Denn hier ist Verstellen, Ausweichen, Verstecken oder Flucht möglich. In der Enge des Bootes nicht. Niemand kann dem anderen aus dem Weg gehen. Aus nichtigen Ursachen ensteht Aggressivität, aus Wut kriminelles Handeln. Unter der Einwirkung der Elemente, meinte ein Sachverständiger vor Gericht, könne sich der Charakter leicht verändern — oder sich der wahre Charakter offenbaren.«

166

DIE BLUTTAT IM PRÄSIDIUM

»St.-Pauli-Killer« Werner Pinzner

Am 15. April 1986 hatte Werner »Mucki« Pinzner (39) vor dem Staatsanwalt gestanden, der fieberhaft gesuchte »St.-Pauli-Killer« zu sein.

Vier Jahre lang hatte die verdeckt agierende Sonderkommission der Polizei zur Bekämpfung der organisierten Kriminalität akribisch daran gearbeitet, die Serie von Morden rund um den Hamburger »Kiez«, das kriminelle Bordell-, Zuhälter- und Drogenmilieu der Hafenstadt, auszuheben, dem Bandenkrieg und organisierten Verbrechen beizukommen. Anfang 1986 endlich konnten Kriminalbeamte der Dienststelle FD 65 (Organisierte Kriminalität) zuschlagen. Der Tip kam von einem kleinen, zwischen die Fronten geratenen Zuhälter aus der Unterwelt, der zum zweifelhaften Kronzeugen avanciert war. Die Handschellen klickten an den Handgelenken von Werner Pinzner, dem in St. Pauli bekannten Bordell-Besitzer Josef Peter Nusser – auf dem Kiez wegen seiner österreichischen Staatsbürgerschaft als »Wiener Peter« geführt – und dem Bordell-Betreiber Armin Hockauf, einem 27 Jahre alten »Milchgesicht«, das wirkte, als könne es niemandem ein Haar krümmen. Bordell-Boss Reinhard »Ringo« Klemm gelang durch einen Hinterausgang seiner »Chicago-Bar« die Flucht nach Costa Rica, dem Eldorado der Hamburger Zuhälter-Mafia.

Gefängnis und Untersuchungshaft waren für die gewieften Zuhälter mit Goldkettchen, Rolex-Uhren und Pelzmänteln nie etwas Ungewöhnliches und furchtbar Aufregendes, zu gut funktionierten die Alibis, zu dicht war die Mauer des Schweigens und Wegsehens auf dem Kiez, selbst zahlreicher von der Kripo in die Szene eingeschleuster V-Leute, als daß auch nur einer es wagte, den Mund aufzumachen. Die Luft war bleihaltig; seit Anfang 1984 gehörten rund um die Reeperbahn tödliche Kugeln zum kalkulierten Geschäftsrisiko des Nuttenmilieus, dessen Existenzkampf durch Aids-Angst und »Billig-Importe« aus der Dritten Welt zusehends härter und brutaler geworden war und das sich immer mehr auf den lukrativeren Drogenmarkt verlagerte, vornehmlich auf das Millionengeschäft mit Kokain.

Daß Werner Pinzner geständig war, dem Staatsanwalt fünf Morde schilderte, sich als kaltblütiger Killer auf Bezahlung produzierte, ohne Reue, als jemand, der einen Job versah, weil das Arbeitsamt ihm keine gescheite Alternative geboten hatte, das entzückte zwar die Ordnungsmacht, versetzte aber die Luden-Szene in Angst und Schrecken und sollte denen Recht geben, die Pinzner längst hatten liquidiert sehen wollen. Zu spät.

Werner Pinzner — abgebrochene Schlachterlehre, Rausschmiß bei der Bundeswehr, kurz zur See gefahren, Kellner auf St. Pauli, zehn Jahre Gefängnis wegen eines bewaffneten Raubüberfalls 1975 auf einen Hamburger Supermarkt, bei dem der Filialleiter erschossen worden war — gestand die fünf Morde im Detail und brüstete sich vor Polizei und Staatsanwalt weiterer sechs Morde, die ihm aber niemand so recht abnehmen wollte, die für Aufschneiderei gehalten wurden, da doch schon die eingestandenen fünf Kapitalverbrechen als unfaßbar angesehen wurden und es bislang im bundesdeutschen Zuhältermilieu keine vergleichbare Mordserie gegeben hatte. Aber es gab keinen Zweifel: Pinzner, der sich gerne als »Killer der Nation« bezeichnete, hatte mindestens fünfmal abgedrückt, immer als gedungener Killer, immer für Geld.

Im Juli 1984 verdiente sich der käufliche Mörder — er erhielt seinen Auftrag noch im Gefängnis und kam dem Job beim Freigang nach — 30.000 Mark, zwischen 20.000 und 40.000 Mark Killerlohn waren an der Tagesordnung auf dem Kiez. Sein erstes Opfer wurde der Kaufmann und überwiegend in Süddeutschland agierende Bordellbesitzer Juhuda Arzi, der in Kiel lebte und angeblich bei Josef Peter Nusser eine hohe Kokain-Rechnung offen stehen und ihm ins Bordell-Revier gepfuscht hatte. Als Handwerker getarnt, statteten Pinzner und Hockauf dem Kokain-Süchtigen einen Besuch ab.

168

Pinzner schoß dem von Hockauf festgehaltenen 65jährigen Ungarn-Juden in den Kopf.

Mitte September 1984 liquidierte Pinzner mit Hockaufs Hilfe den drogensüchtigen und hochverschuldeten Bordellbesitzer Peter Pfeilmeier (»Bayern-Peter«) in seinem schwarzen Pontiac durch einen Schuß in den Hinterkopf. Pfeilmeier war, ebenso wie Zuhälter und Kokain-Händler Dietmar Traub, gemeinsamer Teilhaber von Josef Peter Nusser und dessen Bordellbetrieben. »Lackschuh-Dieter« Traub wurde von Pinzner und seinem Kompagnon Siegfried Träger, der sein Glück als kleiner Zuhälter ebenfalls in St. Pauli versucht hatte, wegen eines angeblichen großen Kokain-Geschäfts in ein Waldstück in der Nähe Münchens gelockt und von Kugeln durchsiebt.

Nach den Hinrichtungen kassierte Nusser jeweils die Bordell-Anteile seiner ehemaligen Partner ein, ebenso wie er schon den Part seines früheren Teilhabers und »Freundes« Fritz Schröer (»Chinesen-Fritz«), der auf einem Barhocker neben Nusser sitzend von drei Schüssen aus einer 38er Smith & Wesson Special zerfetzt worden war, übernommen hatte. Der Killer konnte seinerzeit durch einen Hinterausgang unerkannt entkommen, Nusser war fein raus und mußte nicht mehr teilen. Nun stand nur noch einer über ihm in St. Pauli, sein stiller Teilhaber Reinhard »Ringo« Klemm, der für ihn allerdings wegen seiner eigenen starken Machtposition auf dem Kiez unantastbar war.

Zu einem Doppelmord kam es Ostern 1985. Auf der Todesliste Nussers und Pinzners stand Waldemar Dammer, der dreißigjährige Bordellbesitzer und »Pate« der rechten Reeperbahn-Seite, der beabsichtigte, auf die linke Seite der »Schmuddelmeile« zu expandieren und damit den fein säuberlich abgegrenzten Claim Klemms, der von »Ringo« und Josef Peter Nusser kontrolliert und beherrscht wurde, zu okkupieren. Das war der Augenblick, da der Zuhälterkrieg auf St. Pauli so richtig entbrannte. Da barg man die in ein Faß einbetonierte Leiche eines Bordellbesitzers in einem Hamburger Kanal, da gab es vertrackte Selbstmorde, die allesamt nach Morden rochen; Tote waren an der Tagesordnung im Dunstkreis der Ham-

169

burger Zuhälterszene, die immer stärker in den Kokain-Handel eindrang und gnadenlos nach Mafia-Manier alles aus dem Weg räumte, was ihre Kreise störte.

Angeblich standen Klemm und Nusser auf einer »Todesliste« Dammers. Aber die linke Reeperbahn-Seite kam der gegenüberliegenden zuvor. Pinzner und Träger klingelten an Dammers Hamburger Haustür, ein Kokain-Geschäft großen Stils sollte abgewickelt werden. Die Killer von Klemm & Co. erschossen Dammer und seinen zufällig anwesenden Bordell-Wirtschafter Ralf Kühne eiskalt und kompromißlos.

Klemm und Nusser galten nun als Könige von St. Pauli, ihre hartnäckigsten Rivalen hatten ins Gras beißen müssen, dank der präzisen »Arbeit« Werner Pinzners, der sein Handwerk perfekt zu beherrschen schien. Eigentlich wäre Pinzner nun seinerseits an der Reihe gewesen, denn außer seinem Killerhandwerk verfügte der Berufsmörder über wenig Qualitäten, die im Zuhältermilieu gefragt waren. Und: Pinzner wußte zuviel, wurde zu einem Sicherheitsrisiko für die Bosse und damit überflüssig. Seine Auftraggeber dachten gerade ernsthaft über die Ausschaltung ihres »Lieblings-Killers« nach, als die Polizei-Sondereinheit zuschlug und zur großen Verhaftung ansetzte, Pinzner und seine Kumpane schnappte.

Von diesem Augenblick an stand Pinzner in St. Pauli auf der Abschußliste, als er auszupacken begann, war sein Todesurteil gesprochen, denn »wer singt, der stirbt« in diesen Kreisen. Der Killer hatte zusehends Angst davor, in Haft umgebracht zu werden, von einem Mithäftling, einem gedungenen Wärter oder V-Mann der »Bullen«. Für die Polizei war Pinzner der wichtigste Fang seit Jahren, seit der Zerschlagung der Motorad-Gang »Hell's Angels«, die kräftig »Schutzgebühren« von Kneipenwirten kassiert hatte, und der Ausschaltung verschiedener sich bekriegender Zuhälter-Banden, wie der »Nutella-Bande« und der »GMBH«. Durch Pinzners Geständnisse sollte dem organisierten Verbrechen auf St. Pauli der vernichtende Schlag versetzt werden. Pinzner wurde zum entscheidenden Kronzeugen in der Kriminalgeschichte St. Paulis.

Die Staatsanwaltschaft ordnete Isolierhaft und Spezialbewachung für den wertvollen Gefangenen an, man ließ ihm Sonderbehandlung zukommen, erfüllte ihm die abstrusesten Wünsche solange er sprach und auspackte. Nach außen verhängte die Staatsanwaltschaft eine Nachrichtensperre. Werner Pinzner war Hamburgs bestbewachter Häftling, untergebracht im Hochsicherheitstrakt der Untersuchungshaftanstalt. Aus Angst vor Racheakten aus der Unterwelt stand Pinzner unter ständiger Beobachtung der Polizei, die den Killer nicht eine Sekunde aus den Augen ließ. Nur Pinzners Frau Jutta und seine Rechtsanwältin Isolde Oechsle-Misfeld durften den »St.-Pauli-Killer« in der Haft besuchen. Mit diesen beiden Frauen durfte Pinzner auch unbeobachtete Stunden verbringen, eine seiner Bedingungen als Kronzeuge. Mit dem Staatsanwalt bahnte sich sogar eine vertrauliche Zusammenarbeit an. Man mochte sich plötzlich im Polizeipräsidium, schließlich standen die kaltblütigen Morde kurz vor ihrer Aufklärung, hatte die Staatsanwaltschaft das Mordkommando mit seinen Hintermännern dank Pinzners Erzählungen überführen können. Ruhm und Anerkennung schien der Hamburger Staatsanwaltschaft und Polizei gewiß, hatte doch ihr Ansehen wegen zahlreicher Skandale und Affären in den letzten Jahren arg gelitten.

29. Juli 1986. Polizeipräsidium Hamburg. Sicherheitstrakt. Zimmer 418. Anwesende Personen: Werner Pinzner, seine Frau Jutta, Rechtsanwältin Isolde Oechsle-Misfeld, der ermittelnde Staatsanwalt Wolfgang Bistry und zwei Kriminalbeamte. Wieder einmal hatten die beiden Frauen auf Geheiß Bistrys alle Sperren großzügig passieren können, wieder einmal stand eine Vernehmung Pinzners auf dem Programm, um das Aufklärungsnetz auszuwerfen. Seit Tagen lief alles nach Plan, setzte Staatsanwalt Bistry weiter auf Werner Pinzners Aussagen.

Gerade hatte die Vernehmung begonnen, da zauberte Werner Pinzner eine Smith & Wesson, Kaliber 38, aus seinem Jackett hervor und ballerte los. Staatsanwalt Bistry brach schwer verletzt zusammen und starb wenig später an den tödlichen Kugeln. Die beiden Kriminalbeamten konnten in ein Nebenzimmer fliehen, während Pinzner erst seine Frau, die vor ihm niederkniete, durch einen Schuß in den Mund tödlich verletzte und schließlich sich selbst erschoß. Keine Frage: Morde und Selbstmord waren geplant, von langer Hand wie es schien, gemeinsam mit Frau Jutta und wohl auch mit Wissen von Isolde Oechsle-Misfeld, denn die Mordwaffe konnte nur von einer der beiden Frauen in die Hände des brutalen Killers gelangt sein, der sich einen aufsehenerregenden, folgenschweren, aber kalkulierten Abgang bescheren wollte, nachdem er scheinbar keinen Ausweg aus seinem Dilemma zwischen Polizeimacht und lauernder Unterwelt mehr sah.

Das Blutbad im Hamburger Polizeipräsidium wirkte in der Öffentlichkeit wie ein Schock. Polizei und politische Entscheidungsträger der Hansestadt schlidderten durch Pinzners Todesschüsse in eine tiefe Krise. Als dann in Pinzners Zelle auch noch Rauschgift gefunden wurde, Kokain, ein Heroin-Besteck, als frische Einstichstellen an seinem Körper auf regelmäßigen Heroin-Konsum des rauschgiftsüchtigen Killers auch im Sicherheitstrakt hinwiesen, war der Skandal perfekt. Hamburgs Behörden retteten sich mit einer Nachrichtensperre, wie sie es seit der Schleyer-Entführung 1977 nicht mehr gegeben hatte. Aber allzu schnell wurde deutlich, daß die Nachrichtensperre nicht der Tatklärung galt, sondern der Vernebelung eigener Schlampereien und Versäumnisse.

Hamburgs Innensenator Rolf Lange (SPD), schon seit Monaten wegen zahlreicher Fehlentscheidungen massiver Kritik ausgesetzt, zuletzt wegen des Einkesselns und Tyrannisierens mehrerer hundert Demonstranten auf dem Heiligengeistfeld, mußte ebenso zurücktreten wie Justizsenatorin Eva Leithäuser, ebenfalls SPD, denn schließlich standen in Hamburg Bürgerschaftswahlen vor der Tür. Und wie im Zuhältermilieu üblich, trug man auch Werner Pinzner gebührend zu Grabe. Palermo auf St. Pauli. »Daß die Leute vom Kiez dem Ehepaar Pinzner, das sich so fulminant schrecklich verabschiedet hat, mit einem Autokorso die letzte Ehre erweisen, wirkt wie eine Verhöhnung der Polizei«, schrieb der »Spiegel« (34/86) in einer Titelgeschichte zum »Mordfall Pinzner — Killerkrieg um Sex und Drogen«. Für die Polizei war »der Fall Pinzner der seit Jahren größte Erfolg und die folgenschwerste Panne zugleich«.

Am 8. August, wenige Tage nach den Todesschüssen Pinzners, wurde dessen Rechtsanwältin Isolde Oechsle-Misfeld wegen eines möglichen Verstoßes gegen das Betäubungsmittelgesetz verhaftet, eine Haftverschonung wurde abgelehnt. Der Fall machte Schlagzeilen, die Vorwürfe gegen die Juristin wogen schwer: Frau Oechsle-Misfeld sei, nachdem sie für ihren Mandanten immer wieder Rauschgift organisiert und während ihrer rund 70 Besuche zu Pinzner ins Gefängnis geschmuggelt hatte, aus Fürsorgepflicht für ihn und seine Frau, wie sie immer wieder beteuerte, in die Abhängigkeit von Pinzner selbst, aber was schwerer wog, anderer Unterwelt-Größen geraten, unter ihnen »Ringo« Klemm. Die Zuhälter-Bosse hätten die Rechtsanwältin immer wieder aufgefordert, ihren Mandanten, der vor der Staatsanwaltschaft auszupacken begann, zu einem Selbstmord zu drängen. Schließlich hätte die in verschiedene Straftaten verstrickte Anwältin, die ihre eigene soziale Existenz von Pinzner abhängig gemacht hatte, ja selbst ein eklatantes Interesse am Tod ihres Mandanten. Isolde Oechsle-Misfeld hatte die Tatwaffe, mit der Werner Pinzner das Blutbad im Polizeipräsidium anrichten konnte, angeblich von Klemm erhalten, ihn der Ehefrau des Killers ausgehändigt und ihr geholfen, den Revolver in den besonders gesicherten Vernehmungstrakt des Hamburger Polizeipräsidiums zu schmuggeln. Aufzeichnungen Werner Pinzners, die in seiner Zelle gefunden worden waren und Briefe seiner Frau bestätigten diesen Hergang.

Isolde Oechsle-Misfeld kannte die Pinzners seit 1976, damals als der Killer wegen eines Raubüberfalls verurteilt worden war. Ihr sei es vorrangig um die Rettung der Pinzner-Ehe und um das Verhältnis Pinzners zu seiner Tochter aus erster Ehe gegangen, versicherte sie vor Gericht. Von den Morden wollte die Anwältin erst nach der neuerlichen Verhaftung ihres Mandanten erfahren haben. Isolde Oechsle-Misfeld, die – so der Richter in der Urteilsbegründung Ende Juni 1988 – an depressiven Zuständen gelitten hatte, die zu Kontakt- und Beziehungsstörungen sowie einer übertriebenen Für-

173

sorglichkeit geführt hätten, wurde schließlich nicht, wie von der Staatsanwaltschaft gefordert, als Werkzeug des organisierten Verbrechens wegen Beihilfe zum Mord zu einer elfjährigen Freiheitsstrafe, sondern wegen fahrlässiger Tötung, Beihilfe zur Tötung auf Verlangen und Verstößen gegen das Waffen- und Betäubungsmittelgesetz zu fünf Jahren und neun Monaten Haft verurteilt, ein Urteil, das den vielen Beobachtern als erheblich zu mild ausgefallen erschien und gegen das die Staatsanwaltschaft Revision einlegte.

Für Gerhard Mauz allerdings war es ein Urteil mit Augenmaß, geprägt von hoher Sensibilität, das die beschädigte Biographie der Angeklagten würdigte, aus der herauszulesen war, »daß es für sie aus der Gefährdung ihrer gesamten Existenz keinen Ausweg mehr gab; daß sie tun mußte, was man von ihr verlangte«. Dabei konnte Isolde Oechsle-Misfeld, der aufgrund einer psychiatrischen Behandlung Haftverschonung zuteil wurde, nicht auch zwangsläufig von den Schüssen Pinzners auf Staatsanwalt Bistry ausgehen. »Diese Hauptverhandlung ist vom Inhalt der Anklage her eine der schwierigsten gewesen, die in der Bundesrepublik zu bewältigen war«, resümierte Gerhard Mauz (»Spiegel« 27/88) zur Verurteilung der Isolde Oechsle-Misfeld, die ihre Zulassung als Rechtsanwältin zurückgegeben und vom Richter ein Berufsverbot für fünf Jahre erhalten hatte.

Unter bislang kaum gekannten Sicherheitsvorkehrungen begann Anfang 1987 der Prozeß gegen Pinzners Hintermänner und Mittäter. Aus Angst vor Repressalien, Morddrohungen und Revancheverbrechen wurde ein einmaliger »Zeugenschutz« (140 Zeugen, größtenteils aus dem Zuhälter-Milieu, 20 Sachverständige) betrieben, wurden die Namen der Richter und Staatsanwälte bis zum Beginn des Verfahrens geheimgehalten, wurde der Schwurgerichtssaal 237 im Sicherheitstrakt des Hamburger Landgerichts mit Panzerglas versehen. Dennoch wurden im Laufe des Mammut-Prozesses zwei wichtige Zeugen aus der Zuhälter-Szene tot aufgefunden, ermordet. Im Februar 1989 schließlich fielen nach über 100 Verhandlungstagen die Urteile rund um die Morde des »St.-Pauli-Killers«: Lebenslänglich für Josef Peter Nusser, Armin Hockauf

174

und Siegfried Träger. Die Richter hielten die Zuhälter für schuldig wegen gemeinschaftlich begangenen Mordes und schweren Raubes, wegen Anstiftung und Beihilfe zum Mord. Die Verteidigung freilich sah das anders und kündigte Revision an.

Nach einem langwierigen und hochkomplizierten Auslieferungsverfahren wurde der bereits im Juni 1987 in Costa Rica verhaftete Reinhard »Ringo« Klemm Ende 1988 an die Bundesrepublik ausgeliefert. Anfang 1989 wurde Klemm und zwei weiteren Hamburger Kiez-Größen der Prozeß gemacht. Ihnen wurde vorgeworfen, die Tatwaffe, mit der Werner Pinzner das Blutbad im Hamburger Polizeipräsidium angerichtet und damit seine beiden letzten Morde begangen hatte, organisiert und Isolde Oechsle-Misfeld zugespielt zu haben, versehen mit der Order, sie Pinzner als letzten Ausweg zuzustecken. Klemm & Co. mußten sich folglich auch wegen der Beihilfe zum Mord an Staatsanwalt Wolfgang Bistry verantworten.